1

AF 139044

2

Verlag und Produktion
BoD GmbH Nordersted, Hamburg.

Copyright ZÜP- Company Edition

Herstellung und Verlag:
BoD – Books on Demand, Norderstedt
ISBN 978-3-7347-6522-3

Sie sind nicht Handke und schon gar nicht Kafka.

von Malen Radi

Peter Handke war famos, in meinen Augen!

Peter Handke, 2006
Unterschrift von Peter Handke
Peter Handke (* 6. Dezember 1942 in Griffen, Kärnten) ist ein vielfach ausgezeichneter Schriftsteller und Übersetzer und einer der bekanntesten zeitgenössischen österreichischen Autoren. Nach seiner Kritik der Sprach- und Bewusstseinsschablonen befasste sich Handke vor allem mit der Entfremdung zwischen Subjekt und Umwelt. Frühwerke wie „Publikumsbeschimpfung" und „Die Angst des Tormanns beim Elfmeter" machten ihn in den späten 1960er Jahren schlagartig bekannt. In den Jugoslawienkriegen der 1990er Jahre vertrat er serbische Positionen gegenüber der antiserbischen Mehrheitsmeinung.[1]
Inhaltsverzeichnis [Verbergen]

Biografie [Bearbeiten]
1942 bis 1945 – Geburt und
Kriegsjahre [Bearbeiten]
Peter Handke wurde im Haus seines
Großvaters Gregor Siutz am 6. Dezember
1942 geboren. Zwei Tage später empfing er
in der Stiftskirche Maria Himmelfahrt in
Griffen die katholische Taufe. Seine Mutter
war Maria Handke, geborene Sivec (1920–
1971), eine Kärntner Slowenin. Sie hatte
1942 seinen bereits verheirateten leiblichen
Vater, den deutschen Bankangestellten
Erich Schönemann, der als Soldat in Kärnten
stationiert war, kennengelernt und war von
ihm schwanger geworden. Noch vor seiner
Geburt heiratete seine Mutter dann den
Berliner Straßenbahnschaffner und
Wehrmachtssoldaten Adolf Bruno Handke (†
1988), seinen späteren Stiefvater. Peter
Handke erfuhr erst als Volljähriger kurz vor
seiner Matura von seinem leiblichen Vater.
Zunächst blieb die Familie vom Krieg

weitgehend unberührt. Kurz vor Kriegsende waren die Auswirkungen des Krieges auch in Griffen zu spüren: Einheimische Slowenen wurden in Konzentrationslager verschleppt und gelegentlich war die Gegend auch das Ziel von Aktionen slowenischer Partisanen. Auch Bomben fielen, wobei die Dorfbewohner Felsenhöhlen als Luftschutzbunker nutzten.
1945 bis 1948 – Berlin und Rückkehr nach Griffen[Bearbeiten]
Die Familie bezog eine Wohnung in Pankow, das dem größtenteils zerstörten sowjetischen Sektor von Berlin angehörte. Doch weder fand Adolf Handke eine dauerhafte Arbeit, noch machte die politische Situation Hoffnungen auf Besserung. Kurz vor der am 24. Juni 1948 verhängten Berlin–Blockade verließ die inzwischen vierköpfige Familie (Tochter Monika war am 7. August 1947 zur Welt gekommen) im Morgengrauen die Stadt und fuhr mit der Bahn zurück in Richtung Griffen. Die Grenzüberfahrt nach Österreich erfolgte mangels Pässen illegal in einem Lastwagen. Für Peter Handke gehörte dieses Abenteuer zu den ersten intensiven

Kindheitserlebnissen, an die er sich später
erinnern konnte. In einem Schulaufsatz von
1957 beschreibt er die Umstände der
Rückkehr ausführlich.
1948 bis 1954 – Dorfleben und erste
Schuljahre in Griffen [Bearbeiten]
In Griffen fand der sechsjährige Peter auch
wegen seines berlinerischen Dialekts
zunächst nur schwer Anschluss an
Spielkameraden. Bis heute spricht Peter
Handke nur selten kärntnerischen Dialekt,
meist spricht er dialektfrei. Der Vater
erhielt eine Zeit lang
Arbeitslosenunterstützung, die er jedoch
zunehmend für Alkohol ausgab. Zwischen
den Eltern kam es regelmäßig zu lautstarken
Streitereien. Schließlich fand der Vater
Anstellung bei seinem Schwager Georg
Siutz, doch in einer von der Kirche und
lokalen Grundbesitzern dominierten Gegend
gehörten die Handkes auch weiterhin zur
ärmeren Bevölkerung. Handke selbst wird
sich später einen „Kleinhäuslersohn"
nennen.
Doch neben den Problemen erfuhr das Kind
auch ein idyllisch-provinzielles Dorfleben,
das durch wiederkehrende Arbeiten,

Kirchenbesuche, Spaziergänge, Schlachtfeste und Kartenspiele geprägt war. Viele dieser Eindrücke verarbeitete Handke später in seinen Büchern. So besteht beispielsweise sein Erstlingsroman „Die Hornissen" aus vielen bildreichen Schilderungen dieses Dorflebens. Peter Handke wurde am 13. September 1948 eingeschult und besuchte die Volksschule Griffen bis zum 14. September 1952. Nach der 4. Klasse wechselte er für zwei Jahre bis zum 10. Juli 1954 auf die Griffener „Hauptschule für Knaben und Mädchen". Seine schulischen Leistungen wurden fast ausschließlich mit „gut" und „sehr gut" benotet. Den anschließenden Wechsel in das Priesterseminar Marianum in Maria Saal mit dem angeschlossenen katholisch-humanistischen Gymnasium Tanzenberg leitete der Zwölfjährige selbst ein, indem er sich vom Pfarrer im Stift die nötigen Formulare besorgte. Das Marianum diente primär der Heranbildung von Priesternachwuchs, eine Aufnahme erfolgte in der Regel nur auf Empfehlung eines Geistlichen. Doch am Gymnasium selbst lehrten weltliche Schulprofessoren in humanistischer Tradition. Am 7. Juli 1954 bestand Peter die Aufnahmeprüfung, wurde aber auf Anraten eines Schulprofessors in die zweite – statt in die altersmäßig angemessene dritte – Klasse des Gymnasiums eingeschult, da er noch über keinerlei Lateinkenntnisse verfügte.

1954 bis 1959 – Internatszeit in Tanzenberg [Bearbeiten]

Kurz nach Schulbeginn in Tanzenberg verfasste der Schüler Peter Handke einen sechzehnseitigen Text mit dem Titel „Mein Leben. 2. Teil" – die Anfänge seiner Affinität zum Schreiben. Seine schulischen Leistungen blieben auch im Gymnasium hervorragend, er schloss alle Klassen mit sehr guten Ergebnissen ab. Zur sprachlichen Ausbildung gehörten die Fächer Latein, Griechisch, Englisch sowie – jeweils nur ein Jahr – Italienisch und Slowenisch, zudem zwei Jahre Kurzschrift. Eine wichtige Beziehung baute er zum Schulprofessor Dr. Reinhard Musar auf, der ab 1957 die Klasse übernahm und in Deutsch und Englisch unterrichtete. Musar erkannte das Schreibtalent des Jungen und bestärkte ihn darin. Handke las ihm Texte vor und

*besprach sie mit ihm auf Spaziergängen.
Später nahm Musar Einfluss auf die
Studienwahl Handkes: Er empfahl ihm, der
Schriftsteller werden wollte, ein
Jurastudium, da dieses nur wenige Monate
im Jahr intensives Faktenlernen erfordere
und der Rest der Zeit zum Schreiben frei
bleibe. In der Tanzenberger Zeit
veröffentlichte er erste literarische Texte
für die Internatszeitschrift Fackel.
1959 bis 1961 – Schulabschluss in
Klagenfurt[Bearbeiten]
Mitte des Schuljahres 1959, in der siebten
Gymnasialklasse, war es wiederum Peter
Handke selbst, allerdings getrieben von den
äußeren Umständen, der einen Schulwechsel
herbeiführte. Die katholische Internatsenge
mit ihren morgendlichen Messen und vielen
Verboten war dem Schüler zunehmend
unerträglich geworden. Als ihm eines Tages
die Lektüre verbotener Bücher (von Graham
Greene) nachgewiesen wurde, zog er selbst
die Konsequenz. Er kehrte nach Griffen
zurück, wo die Eltern in jahrelanger Mühe
ein eigenes Haus auf dem Grundstück des
Großvaters gebaut hatten, und besuchte
fortan das humanistische Gymnasium im 35*

Kilometer entfernten Klagenfurt. Die Fahrt dorthin legte er allmorgendlich mit dem Bus zurück. Noch 1959 nahm er an einem Klagenfurter Schüler-Literaturwettbewerb teil und erhielt dort eine Auszeichnung, woraufhin zwei Texte von ihm (Der Namenlose am 13. Juni 1959 und In der Zwischenzeit am 14. November 1959) in der Kärntner Volkszeitung veröffentlicht wurden. Von seinen nun intensiveren Schreibversuchen gibt auch eine Aussage der Schwester Monika Zeugnis, die sich über seine schlechte Laune beschwerte, wenn es mit dem Schreiben nicht voranging. 1961 erlangte er die Matura mit Auszeichnung, was nur zwei weiteren siebzehnjährigen Mitschülern gelang.

1961 bis 1965 – Studium in Graz[Bearbeiten]

Noch 1961 begann Handke ein Studium der Rechtswissenschaften in Graz. Während der gesamten Studienzeit bewohnte er ein kleines Zimmer im Stadtteil Graz-Waltendorf zur Untermiete. Seine Studienpflichten absolvierte er wenn auch nicht mit Begeisterung, so doch regelmäßig und erfolgreich. Prüfungen absolvierte er *meist mit Auszeichnung. Die Finanzierung des Studiums erfolgte über ein Stipendium, Geld von den Eltern sowie durch studienbegleitendes Arbeiten. Er gab Nachhilfe in Griechisch und nahm eine Tätigkeit in einem Warenversandhaus an. Die Arbeit in einem von Leuchtstofflampen erhellten Verpackraum schmerzte mit der Zeit seinen Augen, weshalb ihm ein Arzt eine Brille mit dunklen Gläsern verschrieb. Die dunklen Brillengläser sollten später zu einem Markenzeichen des jungen Schriftstellers bei seinen öffentlichen Auftritten werden.*

Während der Studienzeit bildeten sich zahlreiche Vorlieben aus, die auch im künftigen Leben Handkes von Bedeutung bleiben sollten. So besuchte er phasenweise fast täglich das Kino, an manchen Tagen mehrfach. Am Betrachten von Filmen schätzte er, dass „jeder Vorgang im Kino deutlicher wird und jeder eigene Zustand im Kino bewusster wird" (in einem 1972 veröffentlichten Aufsatz über Landkinos und Heimatfilme). Im Lauf seines Lebens wird er nicht nur Drehbücher schreiben und selbst gelegentlich Regie führen, sondern auch als

Berichterstatter von Filmfestspielen und als Mitglied von Filmjurys agieren. Eine weitere Leidenschaft sollte das Hören von Rockmusik werden. In Cafés, die er zunehmend häufig aufsuchte, um zu lernen oder auch zu schreiben, wurde er ein eifriger Jukebox-Benutzer und begeisterte sich für die Beatles, die Rolling Stones und andere junge Musiker der Zeit, auf deren Liedtexte sich in Handkes Büchern später immer wieder Anspielungen finden werden.

50 Jahre manuskripte: Peter Handke und Alfred Kolleritsch
Vor allem ab 1963 nahm Handkes literarische Aktivität deutlichere Gestalt an. Er lernte Alfred Holzinger kennen, der die Literatur- und Hörspielabteilung von Radio Graz leitete. Dort wurden nun nicht nur erste Kurztexte von Handke gelesen, sondern Handke schrieb auch Radio-Feuilletons zu verschiedenen Themen: Ob Beatles, Fußball, James Bond, Zeichentrickfilme oder Schlagertexte – Handke widmete sich unterschiedlichen Massenphänomenen und übte sich in einer neuen, themenbezogenen Form des

Schreibens. Auch zahlreiche Buchbesprechungen gehörten zum Programm. Ein anderer wichtiger Förderer, den er 1963 kennenlernte, war Alfred Kolleritsch, der Herausgeber der Literaturzeitschrift manuskripte, in welcher ab 1964 erste Handke-Texte veröffentlicht wurden. Weitere Bekanntschaften, etwa zu dem Maler und Schriftsteller Peter Pongratz, schloss der junge Autor auf dem Forum Stadtpark der Grazer Gruppe, dem er sich ab 1963 anschloss. Am 21. Januar 1964 wurden dort zum ersten Mal Texte von Handke verlesen.

1964 begann Handke mit der Arbeit an seinem Erstlingsroman Die Hornissen. Im Juli und August dieses Jahres hielt er sich mit einem alten Schulfreund auf der jugoslawischen Insel Krk auf und verfasste dort große Teile einer ersten Romanversion, die er im Herbst 1964 an Radio Klagenfurt sandte, aber im Januar 1965 nochmals überarbeitete. Nachdem der Luchterhand Verlag abgelehnt hatte, nahm der Suhrkamp Verlag im Sommer 1965 das Manuskript zur Veröffentlichung an. Wenig später brach Handke sein Studium vor der dritten Staatsprüfung ab, um sich ganz der Tätigkeit als Schriftsteller zu widmen.

1966 – Jahr des Durchbruchs[Bearbeiten]
Noch vor der Auslieferung seines Erstlingsromans im Frühjahr 1966 machte Handke, der damals eine Pilzkopf-Frisur im Stil der Beatles trug, durch einen spektakulären Auftritt auf einer Tagung der Gruppe 47 in Princeton auf sich aufmerksam. Nach stundenlangen Lesungen zeigte er sich angewidert von den Werken seiner etablierten Kollegen und hielt eine längere Schmährede, in der er die „Beschreibungsimpotenz" der Autoren beklagte und auch die Literaturkritik nicht verschonte, „die ebenso läppisch ist wie diese läppische Literatur". Mit dieser Rede hatte er zugleich einen Tabubruch begangen, da es auf den Treffen der Gruppe 47 unüblich war, allgemeine Grundsatzdebatten über literarische Themen anzuzetteln. Grundlage der Gespräche sollte immer der jeweilige Text bleiben, nicht das Wesen von Literatur an sich. Eine erhaltene Tonbandaufnahme zeugt davon, dass Handke Gelächter, Gemurmel und Zwischenrufe erntete, und obwohl er einige

Kollegen, unter ihnen Günter Grass – wie sich an deren späteren Kommentaren zeigen sollte – durchaus getroffen hatte, wurde seine Kritik von anderen Teilnehmern vereinnahmt, umformuliert und – etwas abgeschwächt – wiederholt und blieb im Großen und Ganzen unwidersprochen. Handke hatte das literarische Establishment ins Mark getroffen, und für die Feuilletons war sein Auftritt zu einem Diskussionsthema geworden.

Im selben Jahr wurde Handkes Sprechstück Publikumsbeschimpfung in der Regie von Claus Peymann uraufgeführt. Die Verbundenheit mit Peymann als Freund und Regisseur blieb bis heute erhalten. Die Theaterkritik feierte das provokante, neuartige Stück – Handke war nun endgültig der Durchbruch als Autor gelungen, und sein Ruf als Enfant terrible wurde weiter genährt. Auch die früher geschriebenen Sprechstücke Weissagung (von 1964) und Selbstbezichtigung (von 1965) wurden 1966 unter der Regie von Günther Büch, dem anderen großen Förderer Handkes, am Theater Oberhausen uraufgeführt und durchweg positiv von der Kritik aufgenommen. *Der vierundzwanzigjährige Peter Handke war innerhalb von Monaten zu einer Art Popstar der deutschen Literaturszene geworden.* Noch 1966 erhielt Handkes Lebensgefährtin und baldige Ehefrau, die Schauspielerin Libgart Schwarz, ein Engagement an den Düsseldorfer Kammerspielen. Im August 1966 zog das junge Paar daher nach Düsseldorf.

1967 bis 1970 – Düsseldorf, Paris, Kronberg[Bearbeiten]
In Düsseldorf lebte Handke bis 1968. In dieser Zeit veröffentlichte er seinen Roman Der Hausierer (1967) und das Sprechstück Kaspar (Uraufführung am 11. Mai 1968 in Frankfurt unter Claus Peymann und Oberhausen unter Günther Büch). 1967 las Handke Verstörung von Thomas Bernhard und reflektierte dieses Leseerlebnis in dem Text Als ich ‚Verstörung' von Thomas Bernhard las. Zu dieser Zeit übte Bernhard eine große Wirkung auf Peter Handke aus.

Später entwickelte sich zwischen den beiden österreichischen Schriftstellern eine gegenseitige Abneigung.
1968 zog das Ehepaar Handke nach Berlin,

und am 20. April 1969 wurde Tochter Amina geboren. Das Kind bedeutete für Handke eine völlige Umstellung seines bisherigen Lebensstils. Er „sah sich zu Hause gefangen und dachte auf den stundenlangen Kreisen, mit denen er nachts das weinende Kind durch die Wohnung schob, nur noch phantasielos, dass das Leben nun für lange Zeit aus sei" (Kindergeschichte, 1981). Später erzählte er, dass dieses Kind für ihn ein ganz wichtiges und liebevolles Erlebnis war.[2] 1969 war Peter Handke Gründungsmitglied des Frankfurter Verlags der Autoren. 1970 zog die Familie nach Paris, doch obwohl Handke heute dort seinen Hauptwohnsitz gefunden hat, erwies sich die Entscheidung zur damaligen Zeit als kurzlebig. An einem Waldrand bei Kronberg im Taunus wurde ein Haus gekauft, in das man im Herbst 1970 übersiedelte. Doch zu diesem Zeitpunkt war die Ehe bereits gescheitert. Auch wenn sich Vater und Mutter zunächst in der Betreuung des Kindes abwechselten, dauerte es nur wenige Monate, bis die Mutter das Haus verließ und sich auf ihren beruflichen Weg konzentrierte. Fortan kümmerte sich primär

Vater Handke um das Kind, auch wenn die
Ehe mit Libgart erst 1994 in Wien
geschieden wurde.
1971 bis 1978 – Jahre in Paris [Bearbeiten]
In der Nacht vom 19. zum 20. November
1971 nahm sich Handkes Mutter, Maria
Handke, nach jahrelangen Depressionen das
Leben. Dieses traumatische Erlebnis wurde
später in der Erzählung Wunschloses
Unglück (1972), welche 1974 verfilmt
wurde, verarbeitet. Kurz vor ihrem Tod
besuchte Peter Handke im Juli 1971 seine
Mutter mit Ehefrau Libgart und Tochter
Amina ein letztes Mal. Diesem Besuch ging
eine Reise durch die USA mit seiner Frau
und dem Schriftsteller Alfred Kolleritsch
voraus. Im selben Jahr wie Wunschloses
Unglück erschien Der kurze Brief zum
langen Abschied (1972), der Teile von
Handkes USA-Reise beinhaltet. Im
November 1973 zog er mit seiner Tochter
Amina nach Paris an die Porte d'Auteuil am
Boulevard Montmorency, wechselte 1976
nach Clamart, im Südwesten von Paris, und
blieb dort bis 1978 wohnhaft. Anfang der
1970er folgten Verleihungen des Schiller-
Preises (1972) in Mannheim und 1973 des

Georg-Büchner-Preises der Deutschen Akademie für Sprache und Dichtung in Darmstadt. Ein Jahr später erschien das Theaterstück Die Unvernünftigen sterben aus (1974), das in Zürich uraufgeführt wurde. Etwa zur gleichen Zeit verfilmte Peter Handkes langjähriger Freund und Weggefährte, der Regisseur Wim Wenders, Falsche Bewegung (Premiere 1975). Der Ritt über den Bodensee (erschienen 1971) wurde 1974 Handkes erfolgreichstes Stück in Frankreich und trug dort viel zur großen Bekanntheit des Schriftstellers bei. In diesem Jahr lernte er in Paris Jeanne Moreau kennen. [3] Ein Jahr später erschien Die Stunde der wahren Empfindung (1975) und Peter Handke begann mit den Journal-Aufzeichnungen (Das Gewicht der Welt. Ein Journal, 1977), welche bis 1990 fortgeführt wurden. 1976 folgte ein Krankenhausaufenthalt des Schriftstellers, ausgelöst durch panikartige Angstanfälle und Herzrhythmusstörungen. Im folgenden Jahr erschien die Verfilmung von Die linkshändige Frau (erschienen 1976). Während dieser Zeit verlor Handke nicht den Bezug zu seiner Heimat Österreich und war von *1973 bis 1977 Mitglied der Grazer Autorenversammlung. 1978 blieb seine Tochter Amina das Schuljahr bei ihrer Mutter in Berlin. Handke trat währenddessen eine große Reise nach Alaska (USA) an und kehrte über New York in seine Heimat zurück. Diese Heimkehr sorgte Ende 1978 für seine bisher größte und die Existenz bedrohende Krise seiner schriftstellerischen Laufbahn. Handke korrespondierte mit Hermann Lenz, dem er seine Verzweiflung schilderte, die er mit dem Schreiben von Langsame Heimkehr hatte.*

1979 bis 1987 – Rückkehr nach Österreich[Bearbeiten]

Nach langem Aufenthalt in verschiedenen europäischen Städten kehrte Peter Handke im August 1979 nach Österreich zurück. In Salzburg bezog er am Mönchsberg eine Wohnung im Anbau des Hauses seines Freundes Hans Widrich auf der Richterhöhe und blieb bis November 1987 dort wohnhaft. In jener ungewöhnlich langen Zeit seiner Sesshaftigkeit unternahm er nur kurze „Ausflüge" und kehrte immer wieder nach Salzburg zurück. In diese Anfangszeit seiner

Heimkehr fiel die Publikation der *Tetralogie Langsame Heimkehr*. Der gleichnamige erste Teil erschien 1979 und bedeutete die Überwindung und das Ende der Krise, welche ihn seit 1978 gefangen hielt. Peter Handke bekam in diesem Jahr den Franz-Kafka-Preis als erster Preisträger verliehen. Die drei restlichen Teile von *Langsame Heimkehr* wurden in Salzburg verfasst. *Die Lehre der Sainte-Victoire* erschien 1980, das dramatische Gedicht *Über die Dörfer* (uraufgeführt bei den Salzburger Festspielen 1982) und *Kindergeschichte* erschienen 1981, wobei die Erzählung *Kindergeschichte* sehr stark autobiographisch geprägt ist und sich mit den Jahren in Paris auseinandersetzt. Peter Handke begann Anfang der 1980er bewusst, unbekannte fremdsprachige Autoren ins Deutsche zu übersetzen, um einerseits keinem professionellen Übersetzer dessen Arbeit streitig zu machen, andererseits jenen Autoren zu einem höheren Bekanntheitsgrad zu verhelfen. Vor allem war es ihm daran gelegen, slowenischer Literatur im deutschen Sprachraum Aufmerksamkeit und somit eine Existenz zu verschaffen. *Peter Handke übersetzt aus dem Englischen, Französischen, Slowenischen und schließlich aus dem Altgriechischen (Prometheus, gefesselt, Salzburger Festspiele, 1986). Damals unterhielt Handke eine Beziehung mit der Schauspielerin Marie Colbin.[4] Die Mordgeschichte Der Chinese des Schmerzes entstand 1982/83 auf dem Mönchsberg in Salzburg und erschien im Jahr ihrer Fertigstellung. Im epischen Roman Die Wiederholung (1986) thematisiert Handke die Kärntner Slowenen und deren Geschichte. Gleichzeitig wurde das Gedicht an die Dauer veröffentlicht. 1987 beendete die Erzählung Nachmittag eines Schriftstellers Peter Handkes Salzburger Jahre. Der Film Himmel über Berlin vom Regisseur Wim Wenders, bei dem Handke das Drehbuch verfasste, feierte im selben Jahr Premiere. Dieses Werk wurde auf europäischer Ebene mit vielen Auszeichnungen dekoriert. Nach achtjähriger Schaffensperiode und Sesshaftigkeit verließ der Schriftsteller Salzburg nach dem Abitur seiner Tochter*

*Amina und trat eine drei Jahre dauernde
Weltreise an.*
1987 bis 1990 – Auf Weltreise[Bearbeiten]
*Am 19. November 1987 begann Peter
Handke seine Weltreise in Jesenice (heute
Slowenien). Per Autobus und Bahn fuhr er in
das südliche Jugoslawien, von Mazedonien
über Griechenland nach Ägypten. Mitte
Januar 1988 kehrte der Schriftsteller nach
Europa zurück, fuhr nach Paris, Berlin,
Belgien und schließlich in den Fernen Osten
nach Japan. Seine weiteren Stationen:
Europa, Anchorage in Alaska, London,
Lissabon, Spanien, Galizien, dann
Südfrankreich. Ende Mai 1988 ging die
Reise zurück nach Österreich, weiter nach
Aquileia, erneut nach Paris, in den
slowenischen Karst und zum Ausgangspunkt
der Reise – Jesenice. Zum Jahreswechsel
1988/89 hielt Handke sich in England,
Frankreich und kurze Zeit in Österreich auf.
Nach Stationen in Slowenien, Italien,
Österreich, Deutschland kam er schließlich
in Chaville bei Paris an. In dieser rastlosen
Zeit starb 1988 sein Stiefvater Bruno
Handke.
Während dieser Jahre machte Handke*

Aufzeichnungen, welche erst fünfzehn Jahre später, im Jahr 2005, mit dem Titel Gestern unterwegs. Aufzeichnungen November 1987 bis Juli 1990 veröffentlicht wurden. Dieses Buch bildet einen Werkzusammenhang mit Das Gewicht der Welt (1975–1977), Die Geschichte des Bleistifts (1976–1980), Phantasien der Wiederholung (1981–1982) und Am Felsfenster morgens (1982–1987).

1990 bis heute [Bearbeiten]
Im Sommer 1990 erwarb Peter Handke ein Haus in Chaville, südwestlich von Paris, wo er bis heute lebt. Kurz nach dem Einzug lernte er die französische Schauspielerin Sophie Semin kennen. Sie ist die Tochter eines Pariser Fabrikanten aus Lothringen. Das Paar zog rasch zusammen und bereits ein Jahr später, am 24. August 1991, wurde ihre gemeinsame Tochter Leocadie geboren. Erst Anfang August 1994 ließ sich Handke von seiner ersten Ehefrau Libgart Schwarz in Wien scheiden und heiratete im Herbst 1995 Sophie Semin.

In diesem Ort in der Pariser Peripherie scheint Handke seinen Lebensmittelpunkt gefunden zu haben. Es ist sein dritter Wohnort in und außerhalb der französischen

Hauptstadt. Chaville liegt in der Nähe von Clamart, wo er 1977 und 1978 mit seiner ältesten Tochter Amina, die später Malerei und visuelle Mediengestaltung studierte, gewohnt hatte. In seinem Haus spielte auch ein Teil des Filmes Die Abwesenheit mit Bruno Ganz, seiner Frau Sophie Semin, Eustaquio Barjau und Jeanne Moreau in den Hauptrollen. Weitere Drehorte waren die Pyrenäen nördlich von Barcelona. Bis 1996 erschienen die Übersetzungen Noch einmal für Thukydides (1990) und Shakespeare: Das Wintermärchen (1991), Versuch über die Jukebox (1990), Abschied des Träumers vom Neunten Land (1991), Versuch über den geglückten Tag. Ein Wintertagtraum (1991), Die Theaterstücke (1992), Die Kunst des Fragens (1994), Mein Jahr in der Niemandsbucht. Ein Märchen aus den neuen Zeiten (1994) und das Theaterstück Die Stunde, da wir nichts voneinander wußten. Ein Schauspiel (1992), das unter der Regie von Claus Peymann am Wiener Burgtheater im selben Jahr uraufgeführt wurde. Von 2001 bis 2006 war die Schauspielerin Katja Flint seine Lebensgefährtin.

Eine Jury des Deutschen Buchpreises hatte Handkes Buch «Die morawische Nacht» als einen von 20 Titeln auf die Liste für den besten deutschsprachigen Roman des Jahres 2008 gesetzt. In einem Brief an den Vorsitzenden des Börsenvereins des Deutschen Buchhandels bedankte er sich dafür, verzichtete jedoch darauf, um die Nominierung einem der jüngeren Autoren zu überlassen. [5]

Themen und Stil [Bearbeiten]

In Handkes Frühwerk nimmt die Sprache das zentrale Thema ein, die Wirklichkeit wird von ihm durch und in der Sprache erfahren und reflektiert (Die Innenwelt der Außenwelt der Innenwelt, 1969). Ansätze zu einer klassischen Erzählweise sind erstmals in den Erzählungen Die Angst des Tormanns beim Elfmeter (1970) und Der kurze Brief zum langen Abschied (1972) erkennbar, eine Folge seiner Auseinandersetzung mit den Autoren Karl Philipp Moritz, Gottfried Keller und Adalbert Stifter.

Ende der 1970er Jahre wendet sich Handke ab der Erzählung Langsame Heimkehr (1979) einer hochstilisierten Sprache mit teilweise mythisch überhöhten Metaphern *zu, um seinen Selbstfindungsprozess darzustellen. Mit dem Roman Mein Jahr in der Niemandsbucht (1994) greift Handke erstmals autobiographische Themen auf und beschäftigt sich darin mit der Schriftstellerexistenz. In seinen jüngsten Schriften ab Der Bildverlust oder Durch die Sierra de Gredos (2002) kritisiert er die aktuelle mediale Bildüberflutung.*

Peter Handke und Wim Wenders [Bearbeiten]

Mit dem deutschen Regisseur Wim Wenders verbindet Handke eine seit 1966 anhaltende Freundschaft und Arbeitsbeziehung, es ist die längste Freundschaft im Leben von Wenders. Er lernte Peter Handke während seiner Studienzeit nach einer Aufführung von dessen Stück «Publikumsbeschimpfung» im Theater von Oberhausen kennen. [6] Beide Künstler haben viele persönliche Gemeinsamkeiten und ästhetische Verwandtschaften. [7] Vor allem eint sie eine Vorliebe für eine intensive, manchmal existenzialistische Darstellung von Landschaften, denen sie ungleich viel mehr an Beachtung und Bedeutung schenken als den Worten und Handlungen ihrer Akteure.

[8] Zwischen 1969 und 1986 arbeiteten sie bei der Produktion von drei Filmen zusammen, Wenders wiederum ließ sich durch die Lektüre von Handkes Veröffentlichungen bei wichtigen Entscheidungen in seinem Leben und Werk beeinflussen.[8]
Serbien-Kontroverse[Bearbeiten]
1996 kam es in den Massenmedien nach der Veröffentlichung von Handkes Reisebericht Eine winterliche Reise zu den Flüssen Donau, Save, Morawa und Drina oder Gerechtigkeit für Serbien zu heftigen Kontroversen, die bis heute andauern. Kritiker werfen ihm eine Verharmlosung der serbischen Kriegsverbrechen vor,[9] während Handke für sich eine differenziertere Wortwahl und Darstellung der Ereignisse als in der allgemeinen journalistischen Berichterstattung in Anspruch nimmt. Im März 2004 unterzeichnete Peter Handke einen vom kanadischen Autor Robert Dickson verfassten Künstlerappell zur Verteidigung Slobodan Miloševićs. Zu den Unterzeichnern gehörte auch der spätere Literaturnobelpreisträger Harold Pinter.[10]

Im selben Jahr besuchte er Milošević im Gefängnis in Den Haag. 2005 wurde er von den Verteidigern des jugoslawischen Ex-Präsidenten, der vor dem UN-Kriegsverbrechertribunal in Den Haag des Völkermords und der Verbrechen gegen die Menschlichkeit angeklagt war, als Zeuge eingeladen. Handke lehnte dies ab und veröffentlichte wenig später einen Essay mit dem Titel Die Tablas von Daimiel, der den Untertitel Ein Umwegzeugenbericht zum Prozess gegen Slobodan Milošević trägt. Am 18. März 2006 trat Handke bei der Beerdigung von Slobodan Milošević als Grabredner auf,[11] was zu einem Wiederaufleben der Kontroverse führte.

Im Zusammenhang mit Handkes Grabrede wurde auch sein Stück Spiel vom Fragen oder die Reise ins sonore Land vom Spielplan der Pariser Comédie-Française abgesetzt, was abermals sowohl befürwortende als auch kritische Stimmen hervorrief. Am 2. Juni 2006 verzichtete Peter Handke aufgrund der entbrannten politischen Diskussion auf den erstmals mit

50.000 Euro dotierten Heinrich–Heine–Preis 2006 der Stadt Düsseldorf. Von Schauspielern des Berliner Ensembles ging im Juni 2006 eine Initiative mit dem Titel „Berliner Heinrich–Heine–Preis"[12] aus, die die Attacken des Düsseldorfer Stadtrates als „Angriff auf die Freiheit der Kunst" bezeichnete und für Handke das Preisgeld in gleicher Höhe sammeln wollte. Mitglieder der Initiative waren u.a. Käthe Reichel, Rolf Becker, Dietrich Kittner, Arno Klönne, Monika und Otto Köhler, Eckart Spoo, Ingrid und Gerhard Zwerenz und Claus Peymann.[13] Am 22. Juni 2006 bedankte sich Handke für die Bemühungen, lehnte jedoch seine Annahme ab und bat stattdessen um eine Spende an serbische Dörfer im Kosovo.[14] Anlässlich der Uraufführung seines Stückes Spuren der Verirrten am 21. Februar 2007 wurde ihm die vollständig gesammelte Preissumme und der Preis übergeben.[15] Er spendete das Preisgeld an das hauptsächlich von Serben bewohnte Dorf Velika Hoča, an dessen Bürgermeister Dejan Baljoševic Handke das Geld an Ostern 2007 übergab.[16][17] Im Januar 2008 äußerte Handke, dass er,

*wäre er Serbe, den serbischen Nationalisten
und stellvertretenden Vorsitzenden der SRS,
Tomislav Nikolić wählen würde.[18]
Am 22. Februar 2008 verfasste Handke
einen kleinen Kommentar in der
französischen Zeitung „Le Figaro", in dem
er noch einmal an die gemeinsame
Geschichte Jugoslawiens in Bezug auf den
Sieg über den Nationalsozialismus hinwies
und die westlichen Staaten als
„Gaunerstaaten" bezeichnete.[19]
Archiv:
Peter Handke verkaufte am 6. Dezember
2007 Handschriften und Materialien aus den
letzten zwei Jahrzehnten als Nachlass zu
Lebzeiten – auch Vorlass genannt – für den
Betrag von 500.000 Euro an das
Literaturarchiv der Österreichischen
Nationalbibliothek.[20] Der Kauf wurde vom
Bundesministerium für Unterricht, Kunst
und Kultur unterstützt.[21] Daneben stellte
der Autor Anfang 2008 seine 66
Tagebücher aus der Zeit von 1966 bis 1990
dem Deutschen Literaturarchiv Marbach für
eine unbekannte Summe zur Verfügung.[22]
Auszeichnungen[Bearbeiten]
1967: Gerhart-Hauptmann-Preis*

1972: Literaturpreis des Landes Steiermark
1973: Schillerpreis der Stadt Mannheim
1973: Georg-Büchner-Preis (Preisgeld
1999 zurückgegeben)
1975: Filmband in Gold für Drehbuch
Falsche Bewegung
1978: Bambi für Regie
1978: Prix Georges Sadoul
1979: Preis der Gilde deutscher Filmtheater
1979: Franz-Kafka-Preis der Stadt
Klosterneuburg (Weitergabe der Hälfte der
Preissumme an Gerhard Meier)
1983: Kulturpreis des Landes Kärnten
1983: Franz-Grillparzer-Preis
1985: Anton-Wildgans-Preis (abgelehnt)
1985: Franz-Nabl-Preis (Preis
weitergegeben an Michael Donhauser und
Walter Grond)
1986: Literaturpreis des Kulturfonds der
Landeshauptstadt Salzburg
1987: Großer Österreichischer Staatspreis
für Literatur
1987: Vilenica-Preis
1988: Bremer Literaturpreis
1991: Franz-Grillparzer-Preis
1993: Ehrendoktorat der Katholischen
Universität Eichstätt

1995: Schiller-Gedächtnispreis
2001: Blauer-Salon-Preis des
Literaturhauses Frankfurt
2002: Ehrendoktorat der Alpen-Adria-
Universität Klagenfurt
2003: Ehrendoktorat der Paris-Lodron-
Universität Salzburg
2004: Siegfried Unseld Preis
2006: Nominierung für den Heinrich-Heine-
Preis der Stadt Düsseldorf am 20. Mai 2006.
Ablehnung des Jury-Entscheids durch drei
Stadtratsfraktionen (30. Mai 2006), Verzicht
Handkes am 2. Juni 2006. [23]
2007: Berliner Heinrich-Heine-Preis
2008: Thomas-Mann-Literaturpreis der
Bayerischen Akademie der Schönen Künste
(Stiftung der Preissumme an die Akademie)
2008: Njegoš-Orden erster Klasse der
Republika Srpska
2009: Goldenes Kreuz des Fürsten Lazar
(Orden einer serbischen
Literatenorganisation)
2009: Franz-Kafka-Literaturpreis der Stadt
Prag
2010: Vinzenz-Rizzi-Preis [24]
2011: Nestroy-Theaterpreis für Immer noch
Sturm – Salzburger Festspiele/Thalia

Theater
Hamburg (Kategorie: Bestes Stück –
Autorenpreis)
2012: Mülheimer Dramatikerpreis der 37.
Mülheimer Theatertage für Immer noch
Sturm in der Inszenierung von Dimiter
Gotscheff
2012: Großer Kunstpreis des Landes
Salzburg[25]
2013: Verdienstorden (Medalja za zasluge)
der Republik Serbien in Gold[26]
2013: Einspieler–Preis des Rats der
Kärntner Slowenen, Klagenfurt/Celovec
2014 Internationaler Ibsen–Preis[27]
2014 Else–Lasker–Schüler–
Dramatikerpreis[28]
Werke [Bearbeiten]
1966 bis 1969   1991 bis 1999
Die Hornissen, Roman, 1966
Der Jasager und der Neinsager 1966
uraufgeführt unter der Regie von Günther
Büch, Theater Oberhausen
Weissagung und Selbstbezichtigung 1966
uraufgeführt unter der Regie von Günther
Büch, Theater Oberhausen
Publikumsbeschimpfung und andere
Sprechstücke, 1966, uraufgeführt unter der

*Regie von Claus Peymann am Theater am
Turm
Begrüßung des Aufsichtsrates, 1967
Der Hausierer, 1967
Kaspar, 1967, uraufgeführt am 11. Mai 1968
am Theater Oberhausen unter der Regie von
Günther Büch und am Theater am Turm
unter der Regie von Claus Peymann
Deutsche Gedichte, 1969
Die Innenwelt der Außenwelt der Innenwelt,
1969
Prosa, Gedichte, Theaterstücke, Hörspiele,
Aufsätze, 1969
Das Mündel will Vormund sein, Regie: Claus
Peymann, Theater am Turm, 1969
1970 bis 1979
Die Angst des Tormanns beim Elfmeter,
1970, verfilmt von Wim Wenders, ORF,
WDR, 1972
Wind und Meer. Vier Hörspiele, 1970
Chronik der laufenden Ereignisse, 1971
Der Ritt über den Bodensee, 1971
Der kurze Brief zum langen Abschied, 1972
Ich bin ein Bewohner des Elfenbeinturms,
1972
Stücke 1, 1972
Wunschloses Unglück, 1972*

Die Unvernünftigen sterben aus, 1973,
Regie: Horst Zankl, Zürich: Theater am
Neumarkt, 1974
Stücke 2, 1973
Als das Wünschen noch geholfen hat.
Gedichte, Aufsätze, Texte, Fotos, 1974
Der Rand der Wörter. Erzählungen,
Gedichte, Stücke, 1975
Die Stunde der wahren Empfindung, 1975
Falsche Bewegung, 1975
Die linkshändige Frau, 1976, verfilmt 1977
Das Ende des Flanierens. Gedichte, 1977
Das Gewicht der Welt. Ein Journal, 1977
Langsame Heimkehr, 1979 [= LH I]
1980 bis 1989
Die Lehre der Sainte-Victoire, 1980 [= LH II]
Über die Dörfer, 1981 [= LH III]
Kindergeschichte, 1981 [= LH IV]
Die Geschichte des Bleistifts, 1982
Der Chinese des Schmerzes, 1983
Phantasien der Wiederholung, 1983
Die Wiederholung, 1986
Gedicht an die Dauer, 1986
Die Abwesenheit. Ein Märchen, 1987
(verfilmt in der Regie des Autors 1992)
Der Himmel über Berlin, mit Wim Wenders,

1987
Nachmittag eines Schriftstellers, 1987
Das Spiel vom Fragen oder Die Reise zum
sonoren Land, 1989
Versuch über die Müdigkeit, 1989
1990
Noch einmal für Thukydides, 1990
Versuch über die Jukebox, 1990
Shakespeare: Das Wintermärchen, 1991,
Übersetzung
Abschied des Träumers vom Neunten Land,
1991
Versuch über den geglückten Tag. Ein
Wintertagtraum, 1991
Die Stunde, da wir nichts voneinander
wußten. Ein Schauspiel, 1992, Uraufführung
unter der Regie von Claus Peymann, Wien,
Burgtheater, 1992
Die Theaterstücke, 1992
Drei Versuche. Versuch über die Müdigkeit.
Versuch über die Jukebox. Versuch über
den geglückten Tag, 1992
Langsam im Schatten. Gesammelte
Verzettelungen 1980–1992, 1992
Die Kunst des Fragens, 1994
Mein Jahr in der Niemandsbucht. Ein
Märchen aus den neuen Zeiten, 1994

*Eine winterliche Reise zu den Flüssen
Donau, Save, Morawa und Drina oder
Gerechtigkeit für Serbien, 1996
Sommerlicher Nachtrag zu einer
winterlichen Reise, 1996
Zurüstungen für die Unsterblichkeit.
Königsdrama, Regie: Claus Peymann, Wien,
Burgtheater, 1997
In einer dunklen Nacht ging ich aus meinem
stillen Haus, 1997
Am Felsfenster morgens. Und andere
Ortszeiten 1982–1987, 1998
Ein Wortland. Eine Reise durch Kärnten,
Slowenien, Friaul, Istrien und Dalmatien mit
Liesl Ponger, 1998
Die Fahrt im Einbaum oder Das Stück zum
Film vom Krieg, 1999, Uraufführung am
Wiener Burgtheater
Lucie im Wald mit den Dingsda. Mit 11
Skizzen des Autors, 1999
2000 bis 2009
Unter Tränen fragend. Nachträgliche
Aufzeichnungen von zwei Jugoslawien–
Durchquerungen im Krieg, März und April
1999, 2000
Der Bildverlust oder Durch die Sierra de
Gredos, 2002*

*Mündliches und Schriftliches. Zu Büchern,
Bildern und Filmen 1992–2000, 2002
Rund um das Große Tribunal, 2003
Untertagblues. Ein Stationendrama, 2003
Warum eine Küche? (frz./dt.), 2003
Sophokles: Ödipus auf Kolonos, 2003,
Übersetzung[29]
Don Juan (erzählt von ihm selbst), 2004
Die Tablas von Daimiel, 2005
Gestern unterwegs. Aufzeichnungen
November 1987 bis Juli 1990, 2005
Spuren der Verirrten, uraufgeführt unter der
Regie von Claus Peymann am BE 2007
Kali. Eine Vorwintergeschichte, 2007
Leben ohne Poesie. Gedichte, 2007
Meine Ortstafeln. Meine Zeittafeln. Essays
1967–2007, 2007
Die morawische Nacht. Erzählung, 2008
Bis daß der Tag euch scheidet oder Eine
Frage des Lichts, Lesung in Salzburg 2008
Die Kuckucke von Velika Hoca. 2009
2010 bis in die Gegenwart
Ein Jahr aus der Nacht gesprochen. Jung
und Jung, Salzburg 2010, 216 S., ISBN 978-
3-902497-80-2.
Immer noch Sturm. Suhrkamp, Berlin 2010,
ISBN 978-3-518-42131-4.*

als *Theaterstück: UA 2011 Salzburger
Festspiele
Der große Fall. Suhrkamp, Berlin 2011,
ISBN 978-3-518-42218-2.
Die Geschichte des Dragoljub Milanović,
Jung u. Jung, Salzburg 2011, ISBN 978-3-
902497-93-2.
Die schönen Tage von Aranjuez. Ein
Sommerdialog. Suhrkamp, Berlin 2012, ISBN
978-3-518-42311-0.[30]
als Theaterstück: UA 2012 Wiener
Festwochen[31]
Versuch über den Stillen Ort. Suhrkamp,
Berlin 2012, ISBN 978-3-518-42317-2.
Versuch über den Pilznarren. Eine
Geschichte für sich. Suhrkamp, Berlin 2013,
ISBN 978-3-518-42383-7.
Briefwechsel[Bearbeiten]
Peter Handke / Nicolas Born: Die Hand auf
dem Brief. Briefwechsel 1974–1979, in:
Schreibheft. Zeitschrift für Literatur, Nr. 65,
Oktober 2005, S. 3–34.
Peter Handke / Hermann Lenz:
Berichterstatter des Tages. Briefwechsel.
Insel Verlag, Frankfurt am Main 2006, 459
S., ISBN 978-3-458-17335-9
Peter Handke / Alfred Kolleritsch: Schönheit*

ist die erste Bürgerpflicht. Briefwechsel.
Jung und Jung, Salzburg/Wien 2008, 294 S.,
ISBN 978-3-902497-38-3
Peter Handke / Siegfried Unseld: Der
Briefwechsel, herausgegeben von Raimund
Fellinger und Katharina Pektor. Suhrkamp
Verlag, Berlin 2012, 798 S., ISBN 978-3-
518-42339-4
Gespräche [Bearbeiten]
Drei Gespräche mit Peter Handke (1971 –
1972 – 1978), in: André Müller:
Entblössungen, Wilhelm Goldmann Verlag,
München 1979. ISBN 3-442-03887-1
Aber ich lebe nur von den Zwischenräumen.
Ein Gespräch mit Peter Handke, geführt von
Herbert Gramper, Ammann-Verlag, Zürich
1987. ISBN 3-250-10065-X
André Müller im Gespräch mit Peter
Handke, hg. von Richard Pils, Bibliothek der
Provinz, Weitra 1993. ISBN 3-900878-93-5
Janko Ferk / Michael Maier: Die Geographie
des Menschen: Gespräche mit Peter
Handke, Reiner Kunze, Carl Friedrich von
Weizsäcker und Leonardo Boff, Edition
Atelier, Wien 1993. ISBN 3-9003-7979-3
Herlinde Koelbl: Peter Handke in: Im
Schreiben zu Haus – Wie Schriftsteller zu

Werke gehen – Fotografien und Gespräche, Knesebeck Verlag, München 1998. ISBN 3-89660-041-9 Fotodokumentation Handkes, die den Autor an seinem Arbeitsplatz und im persönlichen Umfeld porträtiert und im Interview sowohl Grundlage seiner Berufung als auch Rahmenbedingungen und individuelle Vorgehensweise bei der Entstehung seiner Werke darstellt.
Peter Handke / Heinz-Norbert Jocks: Über die Freiheit des Unterwegsseins. Ein Gespräch mit Peter Handke, Basler Zeitung, 25.September 2004
Peter Handke / Peter Hamm: Es leben die Illusionen. Gespräche in Chaville und anderswo, Wallstein Verlag, Göttingen 2006. ISBN 978-3-8353-0040-8
Peter Handke: ··· und machte mich auf, meinen Namen zu suchen···. Peter Handke im Gespräch mit Michael Kerbler (mit CD), Wieser-Verlag, Klagenfurt 2007. ISBN 978-3-85129-543-6
Gero von Boehm: Peter Handke. 17. April 2008. Interview in: Begegnungen. Menschenbilder aus drei Jahrzehnten, Collection Rolf Heyne, München 2012, ISBN

978-3-89910-443-1
Peter Handke / Thomas Oberender:
Nebeneingang oder Haupteingang?
Gespräche über 50 Jahre Schreiben fürs
Theater, Suhrkamp Spectaculum, Berlin
2014. ISBN 978-3-518-42437-7
Filmografie[Bearbeiten]
Regie und Drehbuch[Bearbeiten]
Drei amerikanische LPs, 1969 (gemeinsam
mit Wim Wenders)
Chronik der laufenden Ereignisse, 1971
Die linkshändige Frau, 1977
Das Mal des Todes, 1986, Produktion: ORF
Die Abwesenheit. Ein Märchen, 1992
Drehbuch[Bearbeiten]
Die Angst des Tormanns beim Elfmeter,
1970, Regie: Wim Wenders, Produktion:
WDR
Falsche Bewegung, 1975, Regie: Wim
Wenders, Produktion: WDR
Der Himmel über Berlin, 1987, Drehbuch mit
Wim Wenders, der auch Regie führte
Hörspiele[Bearbeiten]
"Gehen im Herzland" DLF 2009, Regie:
Leonhard Koppelmann
Tonträger[Bearbeiten]
Hörspiel, Deutsche Grammophon und

Luchterhand Verlag 2574 005, 1973
Wunschloses Unglück – Eine Auswahl des
Autors gelesen von Bruno Ganz, Deutsche
Grammophon Literatur 2570 014, 1978
Die Innenwelt der Außenwelt der Innenwelt
– Eine Auswahl, gelesen vom Autor,
Deutsche Grammophon Literatur
Gestern unterwegs – Eine Auswahl, gelesen
vom Autor; ca. 300 Minuten, Hoffmann &
Campe, 2006
Übersetzungen [Bearbeiten]
Handke ist Übersetzer folgender Autoren:
Adonis, Aischylos, Dimitri T. Analis, Bruno
Bayen, Emmanuel Bove, René Char,
Marguerite Duras, Euripides, Jean Genet,
Georges–Arthur Goldschmidt, Julien Green,
Gustav Januš, Florjan Lipuš, Patrick
Modiano, Walker Percy, Francis Ponge,
William Shakespeare, Sophokles
Adonis / Dimitri T. Analis: Unter dem Licht
der Zeit. Briefwechsel, 2001
Aischylos: Prometheus, gefesselt, UA
Salzburger Festspiele (Felsenreitschule)
1986
Dimitri T. Analis: Land für sich. Gedichte,
1999
Bayen, Bruno:

Bleiben die Reisen. Roman, 1997
Die Verärgerten. Roman, 2000
Bove, Emmanuel:
Meine Freunde, 1981
Armand. Roman, 1982
Bécon-les-Bruyères, 1984
René Char:
Rückkehr stromauf. Gedichte 1964–1975,
1984
Die Nachbarschaften Van Goghs, 1990
Marguerite Duras: Die Krankheit Tod, 1985
Euripides: Helena, UA Burgtheater Wien,
2010
Genet, Jean (mit Peter Krumme): Splendid`s
/ Sie: Zwei Stücke, 1994
Goldschmidt, Georges–Arthur:
Der Spiegeltag. Roman, 1982
Die Absonderung. Erzählung, 1991
Der unterbrochene Wald. Erzählung, 1992
Green, Julien: Der andere Schlaf, 1988
Janus, Gustav:
Gedichte 1962–1983, 1983
Wenn ich das Wort überschreite, 1988
Mitten im Satz, 1991
Der Kreis ist jetzt mein Fenster, 1998
Wort, verwandelt in Farben. Gesammelte
Gedichte 1962 – 2009, 2009

Lipuš, Florjan (mit Helga Mracnikar): Der
Zögling Tjaž, 1981
Modiano, Patrick:
Eine Jugend, 1985
Die kleine Bijou. Roman, 2003
Percy, Walker:
Der Kinogeher. Roman, 1980
Der Idiot des Südens, 1985
Ponge, Francis:
Notizbuch vom Kiefernwald. La Mounine,
1982
Kleine Suite des Vivarais, 1988
Shakespeare, William: Das Wintermärchen,
1991
Sophokles: Ödipus in Kolonos, UA
Burgtheater Wien, 2003
Literatur[Bearbeiten]
Heinz Ludwig Arnold (Hrsg.): Peter Handke.
edition text + kritik 24/24a (1969; 1971;
1976; 1978; 1989; 1999 jeweils mit
fortgeschriebener, detaillierter
Bibliographie)
Carlo Avventi: Mit den Augen des richtigen
Wortes. Wahrnehmung und Kommunikation
im Werk Wim Wenders und Peter Handkes.
Gardez!-Verlag, Remscheid 2004, ISBN
978-3-89796-126-5, Dissertation[32]

Lilian Birnbaum: Peter Handke. Porträt des Dichters in seiner Abwesenheit. Verlag Müry Salzmann, Salzburg 2011. ISBN 978-3-99014-042-0.

Thorsten Carstensen: Romanisches Erzählen. Peter Handke und die epische Tradition. Wallstein, Göttingen 2013. ISBN 978-3-83531-108-4.

Thomas Deichmann (Hrsg.): Noch einmal für Jugoslawien: Peter Handke. Suhrkamp Verlag, Frankfurt am Main 1999, ISBN 3-518-39406-1

Leopold Federmair: Die Apfelbäume von Chaville. Annäherungen an Peter Handke. Jung und Jung, Salzburg und Wien 2012, ISBN 978-3-99027-029-5

Wolfram Frietsch: Peter Handke – C. G. Jung: Selbstsuche – Selbstfindung – Selbstwerdung. Der Individuationsprozess in der modernen Literatur am Beispiel von Peter Handkes Texten. scientia nova, Gaggenau 2006, 2. Auflage, ISBN 978-3-935164-01-6

Herwig Gottwald; Andreas Freinschlag: Peter Handke. UTB, Stuttgart 2009, ISBN 978-3-8252-3220-7

Kurt Gritsch: Peter Handke. Gerechtigkeit

für Serbien: Eine Rezeptionsgeschichte. Studien Verlag, 2008, ISBN 978-3-7065-4614-0

Gerhard Fuchs und Gerhard Melzer (Hrsg.): Peter Handke. In: Dossier Extra. Peter Handke. Droschl, Graz 1993, ISBN 3-85420-337-3.

Fabjan Hafner: Peter Handke: Unterwegs ins Neunte Land. Zsolnay, Wien 2008, ISBN 978-3-552-05427-1

Adolf Haslinger: Peter Handke. Jugend eines Schriftstellers, 1999, ISBN 3-518-38970-X

Malte Herwig: Meister der Dämmerung. Peter Handke. Eine Biografie. DVA, München 2010, 364 S., ISBN 978-3-421-04449-5

Hans Höller: Peter Handke. Rowohlt, Reinbek bei Hamburg 2007, ISBN 978-3-499-50663-5

Volker Georg Hummel: Die narrative Performanz des Gehens. Peter Handkes „Mein Jahr in der Niemandsbucht" und „Der Bildverlust" als Spaziergängertexte. Transcript Verlag. Bielefeld 2007, ISBN 3-89942-637-1

Peter Jamin: Der Handke-Skandal – Wie die

Debatte um den Heinrich–Heine–Preis die Kulturgesellschaft entblößte. Gardez!– Verlag, Remscheid 2006, ISBN 3–89796–180–6

Klaus Kastberger (Hrsg.): Peter Handke. Freiheit des Schreibens – Ordnung der Schrift, Magazin des Österreichischen Literaturarchivs, Band 16, Paul Zsolnay Verlag, Wien 2009

Klaus Kastberger und Katharina Pektor (Hrsg.): Die Arbeit des Zuschauers. Peter Handke und das Theater. Katalog zur Ausstellung im Österreichischen Theatermuseum. Jung und Jung, Salzburg 2012, ISBN 978–3–99027–030–1. Die Ausstellung vom 31. Januar bis 8. Juli 2013 gibt erstmals einen umfassenden Einblick in Entstehung und Wirkung von Handkes Bühnenarbeiten.

Klaus Kastberger: Bodensatz des Schreibens. Peter Handke und die Geologie. Originalbeitrag auf handkeonline.onb.ac.at, 19. November 2012.

Klaus Kastberger: Lesen und Schreiben. Peter Handkes Theater als Text. online–Datei auf handkeonline.onb.ac.at, 21. Januar 2013.

*Christoph Kepplinger-Prinz und Katharina
Pektor: Zeichnendes Notieren und
erzählendes Zeichnen. Skizzen, Zeichnungen
und Bilder in Peter Handkes Notizbüchern
von 1972 bis 1990. Originalbeitrag auf
http://handkeonline.onb.ac.at, 8. August
2012.
Herlinde Koelbl: Peter Handke in: Im
Schreiben zu Haus — Wie Schriftsteller zu
Werke gehen — Fotografien und
Gespräche, Knesebeck Verlag, München
1998, ISBN 3-89660-041-9; S.10-15;
Fotodokumentation Handkes, die den Autor
an seinem Arbeitsplatz und im persönlichen
Umfeld porträtiert und im Interview sowohl
Grundlage seiner Berufung als auch
Rahmenbedingungen und individuelle
Vorgehensweise bei der Entstehung seiner
Werke darstellt.
Louise L. Lambrichs: Le cas Handke:
conversation à bâtons rompus.
Inventaire/Invention, 2003, französisch
Simone Malaguti: Wim Wenders' Filme und
ihre intermediale Beziehung zur Literatur
Peter Handkes. Peter Lang, Frankfurt a.M.,
Berlin 2008, ISBN 978-3-631-58064-6.
Rainer Nägele, Renate Voris: Peter Handke.*

Autorenbücher. In: Heinz Ludwig Arnold und Ernst-Peter Wieckenburg (Hrsg.): Autorenbücher. 8, Beck, München 1978, ISBN 3-406-07118-X.

Georg Pichler: Die Beschreibung des Glücks. Peter Handke. Eine Biografie. Wien, 2002, ISBN 3-8000-3883-8

Anja Pompe: Peter Handke. Pop als poetisches Prinzip. Böhlau: Köln, Weimar, Wien 2009. ISBN 978-3-412-20386-3

Peter Pütz: Peter Handke. Suhrkamp Verlag, Frankfurt a.M. 1982, ISBN 3-518-37354-4

Carsten Rohde: Träumen und Gehen. Peter Handkes geopoetische Prosa seit „Langsame Heimkehr". Wehrhahn Verlag, Hannover 2006, ISBN 978-3-86525-045-2

Michael Scharang (Hrsg.): Über Peter Handke. Suhrkamp Verlag, Frankfurt am Main 1972.

Andreas Schirmer: Peter-Handke-Wörterbuch. Prolegomena. Mit 619 begonnenen Artikeln auf einer CD-ROM. Praesens Verlag, Wien 2007, ISBN 978-3-7069-0441-4

Ute Seiderer: Handkes Fahrt im Einbaum. Poetik des Grenzflusses, in: Wassersprachen. Flüssigtexte aus

*Österreich, hg. v. Klaus Kastberger,
Österreichische Nationalbibliothek, Wien
2006 [= Reihe Literatur im StifterHaus; Bd.
18], S. 121–129, ISBN 978-3-900424-54-1
Martin Sexl: Poesie als Medienkritik. Die
Jugoslawien-Kriege im Werk Peter
Handkes. Originalbeitrag auf
handkeonline.onb.ac.at, 4. März 2013.
Lothar Struck: Keuschnig statt Kobal. Das
Wechselspiel von Sprachkritik und Erzählen
im Werk Peter Handkes. Originalbeitrag auf
handkeonline.onb.ac.at, 18. Februar 2013.
Lothar Struck: „Der Geruch der Filme“.
Peter Handke und das Kino. Mirabilis Verlag
2013, ISBN 978-3-9814925-4-5.
Lothar Struck: „Der mit seinem
Jugoslawien.“ Peter Handke im
Spannungsfeld zwischen Literatur, Medien
und Politik. Verlag Ille & Riemer, Leipzig,
Weißenfels 2012, ISBN 978-3-95420-002-
3
Katja Thomas: Poetik des Zerstörten. Zum
Zusammenspiel von Text und Wahrnehmung
bei Peter Handke und Juli Zeh. VDM Verlag
Dr. Müller 2007, ISBN 3-8364-2753-2
Rhea Thönges-Stringaris: Je länger aber
das Ereignis sich entfernt ··· – zu Joseph*

*Beuys und Peter Handke. FIU-Verlag, Wangen/Allgäu 2002 (Originaltext von Handke zu Beuys und Interview mit Johannes Stüttgen zur Lage im Kosovo 1999) ISBN 978-3-928780-27-8
Karl Wagner: Weiter im Blues. Studien und Texte zu Peter Handke. Weidle Verlag, Bonn 2009, ISBN 978-3-938803-22-6
Ralf Zschachlitz: „Epiphanie" ou „illumination profane"? L'oeuvre de Peter Handke et la théorie esthétique de Walter Benjamin, Lang-Verlag, Bern 2000, ISBN 3-906758-53-2
Dokumentarfilme [Bearbeiten]
Gero von Boehm begegnet Peter Handke. Gespräch, 2008, 45 Min., Produktion: interscience film, 3sat, Erstsendung: 26. Mai 2008, Inhaltsangabe von interscience.
Volker Panzer trifft Peter Handke. Gespräch, 63 Min., Produktion: ZDF nachtstudio, Erstsendung: 10. März 2008.
Weblinks [Bearbeiten]
Commons: Peter Handke – Sammlung von Bildern, Videos und Audiodateien
Wikiquote: Peter Handke – Zitate
Literatur von und über Peter Handke im Katalog der Deutschen Nationalbibliothek*

*Peter Handke im Literaturarchiv der
Österreichischen Nationalbibliothek
Peter Handke in der Internet Movie
Database (englisch)
Peter Handke in der Artikelsammlung des
Innsbrucker Zeitungsarchivs
ub.fu-berlin.de Linksammlung der
Universitätsbibliothek der Freien Universität
Berlin
Kurzbiografie und Rezensionen zu Werken
von Peter Handke bei perlentaucher.de
Eintrag zu Peter Handke in: Austria-Forum,
dem österreichischen Wissensnetz – online
(in AEIOU Österreich-Lexikon)
«Ein Idiot im griechischen Sinne»,
Weltwoche, August 2007, Nr. 35, Interview
mit André Müller
Volker Hage: Der übermütige
Unglücksritter. In: Der Spiegel. Nr. 2, 2008,
S. 140–143 (7. Januar 2008, online). darauf:
Malte Herwig: Willkommen, oh
Schattenreich. Handkes Tagebücher:
Dichten als permanente Existenzkrise. In:
Der Spiegel. Nr. 2, 2008, S. 142–144 (7.
Januar 2008, online).
Zum 70. von Peter Handke – Der
Abenteurer des Schreibens (Sendung über*

Peter Handke und Interview von Bayern 2 –
Für sein Radio-Porträt sprach Eberhard
Falcke mit Peter Handke und mit einigen
seiner Weggefährten, mit Lesern und
Freunden wie Alfred Kolleritsch, Michael
Krüger, Hubert Burda, Sigrid Löffler, Claus
Peymann und Georges-Arthur Goldschmidt)
vom 6. Dezember 2012, aufgerufen am 7.
Dezember 2012
Sonderseite zum 70. Geburtstag von Peter
Handke – Der Suhrkamp Verlag gratuliert
seinem Autor mit einem umfangreichen
Rückblick auf Peter Handkes Leben und
Schaffen, aufgerufen am 2. Januar 2013
Forschungsplattform Handkeonline am
Literaturarchiv der Österreichischen
Nationalbibliothek – Aktuelle
Forschungsbeiträge, Materialien,
Gesamtfaksimiles und Bibliographie
Einzelnachweise [Bearbeiten]
Hochspringen ↑ Meyers großes
Taschenlexikon in 25 Bänden, B.I.-
Taschenbuchverlag, Mannheim, Leipzig,
Wien und Zürich, 7. Auflage, 1999, Band 9,
ISBN 3-411-11097-X, S. 170
Hochspringen ↑ Video Nachtstudio: Volker
Panzer trifft Peter Handke (10. März 2008)

in der *ZDFmediathek*, abgerufen am 6. Februar 2014 (offline)
Hochspringen ↑ Malte Herwig: Peter Handke und seine Affäre mit Jeanne Moreau. In: *Die Welt* vom 2. November 2011.
Hochspringen ↑ P. Handke, H. Lenz, Berichterstatter des Tages. Briefwechsel. Frankfurt a.M., Leipzig, 2006. S. 366
Hochspringen ↑ Deutscher Buchpreis. Peter Handke verzichtet auf Nominierung, Spiegel Online, 4. September 2008
Hochspringen ↑ „Von einem der auszog – Wim Wenders' frühe Jahre", arte, 19. Februar 2007
Hochspringen ↑ Michael Ellenbogen: „Zwei Giganten der Wahrnehmung", Wiener Zeitung, 29. November 2007 (abgerufen am 7. November 2013)
↑ Hochspringen nach: a b Andrea Gnam: „Verlust und Wiedergewinn der Bilder. Wim Wenders und Peter Handke", NZZ, 26. August 2005
Hochspringen ↑ Carolin Emcke: „Versuch über das geglückte Kriegsverbrechen", Spiegel Online, 4. Juni 2006
Hochspringen ↑ Künstler-Appell für

*Milosevic. Montreal–New York–Moskau–
Paris, März–April 2004 (PDF; 14 kB)
Hochspringen ↑ Peter Handke: «J'écris
pour ouvrir le regard», Le Monde des
Livres, 5. Mai 2006, Stellungnahme zur
Kritik an seiner Grabrede (kostenpflichtig),
Wiederabdruck bei éditions Verdier
„Die Welt, die vermeintliche Welt, weiß
alles über Slobodan Milošević. Die
vermeintliche Welt kennt die Wahrheit. Eben
deshalb ist die vermeintliche Welt heute
nicht anwesend, und nicht nur heute und
hier. Ich kenne die Wahrheit auch nicht.
Aber ich schaue. Ich begreife. Ich empfinde.
Ich erinnere mich. Ich frage. Eben deshalb
bin ich heute hier zugegen." Grabrede,
übersetzt von Johannes Willms
(«Le monde, le prétendu monde, sait tout
sur Slobodan Milošević. Le prétendu monde
sait la vérité. C'est pour ça que le prétendu
monde est absent aujourd'hui, et pas
seulement aujourd'hui, et pas seulement ici
[…]. Je ne sais pas la vérité. Mais je
regarde. J'entends. Je sens. Je me rappelle.
Je questionne. C'est pour ça que je suis
présent aujourd'hui.»)
Hochspringen ↑ Berliner Heinrich–Heine–*

Preis

Hochspringen ↑ Klaus Stein: „Nach Peter Handkes Verzicht auf den Düsseldorfer Preis: Krähwinkels Magistrat wird wieder frech", Neue Rheinische Zeitung, 20. Juni 2006

Hochspringen ↑ „Handke lehnt Alternativpreis ab", Frankfurter Allgemeine Zeitung, 22. Juni 2006

Hochspringen ↑ „Berliner Ensemble: Berliner Heine-Preis für Handke", dpa / Die Zeit, 22. Februar 2007

Hochspringen ↑ Eckart Spoo: „Bei den Serben im Kosovo – Teil III", Neue Rheinische Zeitung, 23. Mai 2007

Hochspringen ↑ Wolfgang Büscher: „Ich wollte Zeuge sein", Die Zeit, 12. April 2007

Hochspringen ↑ „Serbien: Peter Handke unterstützt Nationalisten", Süddeutsche Zeitung, 23. Januar 2008

Hochspringen ↑ Peter Handke: Notre vénérable Europe a perdu son cœur. In: Le Figaro, 20. Februar 2008 (französisch).

Hochspringen ↑ siehe Website Handke online der Österreichischen Nationalbibliothek

Hochspringen ↑ Paul Jandl: Jahreszeiten des

Unkorrigiertes Lesexemplar_Jeder Käufer erhält eine kostenlose Neuauflage, auf Anfrage, bei ZÜP-Company Edition, A-2041 Wullersdorf 41.

Schreibens In: NZZ, 19. Dezember 2007.
Hochspringen ↑ Literaturarchiv: Marbacher
Archiv erwirbt Handke-Tagebücher. In: Die
Zeit, 6. Januar 2008; auch Malte Herwig:
Willkommen, oh Schattenreich. In: Der
Spiegel. Nr. 2, 2008, S. 143 (7. Januar 2008,
online).
Hochspringen ↑ Thomas Steinfeld: Die
Selbstinszenierung der üblen Nachrede." In:
Süddeutsche Zeitung, 31. Mai 2006.
Hochspringen ↑ Peter Handke erhält
Vinzenz-Rizzi-Preis 2010. In: ORF, 4.
Dezember 2010, abgerufen am 2. Februar
2011
Hochspringen ↑ Großer Kunstpreis des
Landes für Literatur 2012 geht an Peter
Handke. In: Salzburger
Landeskorrespondenz, 21. November 2012.
Hochspringen ↑ Nikolic Decorates Peter
Handke. In: The Balkans Daily, 8. April 2013
(englisch).
Hochspringen ↑ Homepage Internationaler
Ibsen-Preis (engl.)
Hochspringen ↑ buecher.at vom 27. Okt.
2014
Hochspringen ↑ Vgl. Andreas Dorschel:
„Das, Vater, ist kein Wortgedudel".

Sophokles' „Ödipus in Kolonos", Peter Handkes Übertragung und die Misere seiner Kritiker. In: Süddeutsche Zeitung, 4. Juni 2003, Nr. 127, S. 16 (siehe den Reiter Rezension). Hochspringen ↑ Kleine Meinungen, Literatur I in Frankfurter Allgemeine Sonntagszeitung vom 25. März 2012, Seite 30 Hochspringen ↑ Peter Handke. ‹Die schönen Tage von Aranjuez›. In: burgtheater.at, aufgerufen am 15. Dezember 2013. Hochspringen ↑ Rezension von „Wahrnehmung und Kommunikation im Werk Wim Wenders und Peter Handkes", Literaturkritik.de

Aufzeichnungen und Notizen aus einer Zeit im Gefängniss. Begegnungen und Erzählungen drumherum von Malen Radi im Jahr 2014.

ICH WILL, ABER ICH DARF NICHT! Ichbingefangen, ichwillfreisein, ichwilldenkendürfen, ichwillwasichwill, tununddenkendürfen, ichwillfreiatmenkönnen,

ichwilldurchWiesenlaufen, durchWälder,
inWäldernlebenundlieben,
ichwillküssen, ichwilldasLebenlieben,
ichwillfreisein, morgenmöchteichraus,
ichwerdeKraftbrauchen,
meinGeistdarfnichtaufgeben,ichwillwiederich
sein, ichwilllassendürfen, was ichwill,
ichwillnichtausdenRhythmuskommen,
ichwillfreidenkendürfen, ichwillnichtfürden
Sozialismusleben, ichmagkeinePolitik,
ichwillfreisein, ichwillMenschsein,
ichwilldahinwoichwill,
ichwillalles, ichwilldieWeltkennenlernen,
ichwillmichspüren, ichwillmichrühren,
ichwillkaufen, ichwilllachen,
ichwillnichtalleinsein,
ichwillnichtisoliertsein,
ichwillhinaus,ichwilllieben, ichwillstarksein,
ichwilldurchhalten, ichwilllausche,
demWindunddenMenschen,
ichwilldieVögekhören, ichwillfreisein,
ichwillichsein, lasstmichhinaus,
ichwillmichnichtbrechenlassen,
ichwillnichtsterben, ichwillleben,
ichwillMenschsein, ichwillautonomsein,
ichwillerwachsensein, ichwillimmehrichsein,
dürfenundwollen, lachenundlieben,

Unkorrigiertes Lesexemplar_Jeder Käufer erhält eine kostenlose Neuauflage,
auf Anfrage, bei ZÜP-Company Edition, A-2041 Wullersdorf 41.

ichwilldassiewissen, dasmanMenschennicht
brechenkann, ichwilldassiespüren,
dassieunrechttun,
ichwilldassiemeineMachtspüren,
Menschzusein, ichzusein, individuellzusein,
ichsein, Menschsein, lautsein,
lachendürfen,liebendürfen, wollendürfen,
denkendürfe, ichsein, ichwillfreisein,
ichwillMenschein, ichwillraus,
ichwillhierwiederraus!!!
Allessollneswissen, keiner darf es
vergessen! Ich will ich sein!

Sie sind nicht Handke und schon gar nicht
Kafka. Sie sind was sie sind und müssen
büßen. Heute in Gedanken im Irak und bei
all den Menschen, die hungern, frieren und
kein zu Hause habe. Fü den Frieden, für die
Schwachen und für die Armen. Für alle
Menschen denen Leid und Unrecht
zugeführt wird. Gegen Machthaber jeder
Art. Gegen die Verletzung der
Menschenrechte und gegen Krieg im
allgemeinen. Ganz allgemein sollen sie
gelten die Schreie derer die Schmerzen
haben.

ZUGVOGEL

Zugvogel,
Deine Freunde
Sind Stürme,
Reisende
Über dem Ozean...

Sie ist in der Frühe,
Dein Sehnsuchtsflügel,
die Mitternachtssonne,
das Abendstrahlen–
Und alle Gestirne
Winken und rufen:
Sei standhaft!

Eine Hälfte deines Lebens
Ging mit ihr fort...
Zugvogel, sieh den Felsen,
die weißen Flügel
der Wiedergefundenen,
Verlorenen, Geborgenen
Über dem Seelenozean...

von Achim von Hirscheydt.

Die Sehnsucht eine Legende zu werden,

sowie den Gefängnistagebuchnotizen, und diversen anderen Aufzeichnungen gerecht zu werden. Ziemlich verwirrt und in diversen Kontexten spiegelt sich wieder, was einer fühlen kann. Eine steht hier für viele. Der Sinn ist es das Leben einer Europäerin in unserem Jahrhundert darzustellen, um zum Nachdenken anzuregen. Was sind die Folgen der Geschichte der vergangen Jahrhunderte. Was war zum Beispiel am 24. März 1999!? Laut Handke ein Datum, welches in den Himmel eingraviert gehört, in Leuchtbuchstaben! Was passiert, wenn wir nicht auf unsere Familien, Freunde und unsere Mitmenschen achten. Wie schlimm Kriege und atomare Bedrohungen sich auswirken auf jeden von uns. Ob wir nun direkt dabei sind oder waren, oder nicht. Für jeden verändert sich die Welt und sein persönliches Leben. Für jeden entstehen ganz persönliche Bedrohungen. Frühlingsstimmung, Vogelgezwitscher und eine laue Prise. Sie steckt ihren Kopf in ihr Tagebuch, rundum all ihre Bücher und Aufzeichnungen. „Finde ich einen Grund meine Geschichten aufzuschreiben? Muss

ich im Selbstverlag alles alleine machen,
oder bekomme ich Hilfe und Unterstützung
und von wem? „ *Man soll sich nicht mit den*
Staaten anlegen. Man soll ein braver Bürger
sein. Denke an Edward Snowden. Sie ist
stolz, das es Menschen wie ihn gibt. Möchte
ihm gerne helfen.
'im Ringen der Anschauungen für den
europäischen Geist und die humanitäre
Gesinnung eine Tribüne zu sein' (Zitat aus
den Statuten des Europa Verlages.)
Sie sitzt im Zug, vor sich die Literaturliste,
bzw. ein Auszug:
Konrad Heiden: Adolf Hitler. Das Leben
eines Diktators. Das Zeitalter der
Verantwortungslosigkeit. Europa, Zürich
2007, ISBN 3-905811-02-2. (Vorwort zur
Neuauflage 2007, über Oprecht als
Verleger.)
Alexander Hildebrand: Oprecht, Emil
Adolf. In: Neue Deutsche Biographie (NDB).
Band 19, Duncker & Humblot, Berlin 1999,
ISBN 3-428-00200-8, S. 581 f. (Digitalisat).
Ich bin auf der Suche nach einem Verlag.
Und satt nach Frankfurt zu reisen und
endlich die verschiedensten Gespräche zu
führen, bin ich im „Aus" gelandet. Fühlt sich

*an, wie auf einem Abstellgleis. Ob das gut
ist oder nicht, das werden wir erst im Lauf
der Zeit herausfinden. Jedenfalls scheint es
so, als wenn es notwendig ist, dass man mit
der Öffentlichkeitsarbeit und eine deutlichen
PR Arbeit beginnt, noch bevor man sich so
wirklich präsentiert. Ganz im geheimen und
sehr verborgen zu arbeiten ist natürlich
nett. Aber dann in ewiger Abhängigkeit?*

*Lass deinen
Blindenzauberstab
Meine Schläfen berühren,
Den Sehenden
Mich zu Dir führen...*
*So begann ich und
Wusste nicht weiter*
*im Regen... Zur Zeit ist es wirklich lästig,
dieser viele Regen. Jeden Tag schüttet es!*

*Erkundet sein
Leise beflügeltes Eilen
Die Mauern,
Die Menschenhindernisse,
Die Fesseln des Erinnerungsschweren,
Ausgesetzt auf
Marmornen Kirchenstufen? Und ewig werde
ich die Atmosphäre in der Toskana lieben.
Karren, elende Pferde,*

Bärtige Männer,
Sie schleppen dich fort
in das hundertjährige Ringen... Deine
Abschiedsblicke,
Weiße Sonne, dein Winken, Näher und
ferner. Aus sternlosen Meeren. Die
Gedichte und Worte des Achim gehen mir
nicht aus dem Kopf! „Die Sehnsucht zum
Meer zu kommt, jedes Jahr, diese Sehnsucht
bleibt ungebrochen. Weiter mit meinem
Thema, welchen Verlag werde ich finden?
Wer wird mich vertreten wollen?"
Der 1933 vom Schweizer Verleger und
Buchhändler Emil Oprecht gegründete
Verlag veröffentlichte während der Zeit des
Nationalsozialismus vor allem Werke von
verfolgten Autoren und galt damit als so
genannter Emigrantenverlag. Auch war der
Europa Verlag einer der wichtigsten
Theaterverlage der damaligen Zeit. Emil
Oprecht gehört zu den legendären Verlegern
des vergangenen Jahrhunderts, der in
täglichem Kampf für die Unterstützung
Verfolgter, gegen zunehmenden Druck auch
der schweizerischen Zensur und gegen alle
ökonomischen Widerstände aufrecht blieb.
In dem halben Jahrhundert des Bestehens

seines Verlages standen im Programm
Autoren und Bücher im Vordergrund, die für
die Würde und Freiheit des Menschen
eintraten.

WOLKENBÄNKE

Wolkenbänke,
Halte die Winde an,
Daß sie lauschen
Den schwarzen
Wellen des Flusses...

Wolkenbänke,
Schiffe der Winternacht,
laßt uns reisen
Mit getrösteten Stürmen...

„Immer kommen mir die Gedichte von
Achim von Hirscheydt in den Sinn, die ich
so gerne habe."
In Memoriam, es ist vorbei und doch nicht!

Ich habe geträumt, ich mache eine Oper mit
T. Schuler aus der Geschichte der Anuschka
Brown. Mit den Liedern, welche wir 2006 in
Wien produziert und mit der Razumovsky

Gesellschaft, in deren Palais uraufgeführt haben.

GEFLÜGELTE SONNE

Aus feurigen Dornen
Steigt die
Geflügelte Sonne,

Und erwärmt
Im Friedensgesang
entrückter Krieger

Die vibrierenden Meere. (A. v.H.)

„So sexy, sind sie die Worte, dieses Dichters! Mein Körper erschüttert durch und durch, bei diesen Worten. Die Bilder erscheinen vor mir." Dann, im Fernsehen die Bilder von Fidelio, die in einer Gedenkstätte eines ehemaligen Stasigefängnisses, gerade zur Premiere kommt. Ich habe Recht. Es ist ein wichtiges Thema und wird es wohl noch einige Zeit bleiben. Ich bin nicht die einzige, ich bin einen von vielen, denen Unrecht geschehen ist! Warum erfahre ich nichts über meinen

Unkorrigiertes Lesexemplar_Jeder Käufer erhält eine kostenlose Neuauflage, auf Anfrage, bei ZÜP-Company Edition, A-2041 Wullersdorf 41.

Großvater? Warum wir alles verschwiegen. Wieso erfahre ich erst jetzt, dass meine Großmutter Ihre ersten zwei Töchter und Ihren ersten Mann in Auschwitz verloren hat. Wieso haben meine Stiefgroßeltern soviel Kummer mit Ihren Kindern erleben müssen? Wieso wurden sie von ihnen verurteilt? Das Machtausüben, das Wegnehmen, das Enteignen, das Verbannen und Erniedrigen, ebenso, wie das etwas Verlieren, Weggenommen bekommen haben, Geplündert werden, Besitz verlieren, wieder aufbauen müssen, wieder beginnen müssen, nichts mehr haben, alles verlieren.

Ein anderer berichtet: „Es schmerzt alles schmerzt, die Erinnerungen alles. Es geht nicht mehr weg. Strafe, die bleibt, wie ein Wikinger der verstoßen wurde. Alles ist Strafe. Es gibt kein Leben mehr ohne Strafe. Alles tut weh. Nichts geht mehr. Ich versuche auf und ab zu gehen. Genau fünf Schritte kann ich machen. Mache ich kleine, schaffe ich auch sechs oder sogar sieben. Ich mache aber lieber einen richtigen Schritt. Also was soll ich machen. Es tut so weh. Ich bin völlig zerbrochen. Hätte ich Schmerzmittel. Ich würde sie schlucken.

*Ohne Ende. Nur um die Schmerzen zu
bekämpfen. Man kann das nicht
beschreiben. Nicht ausdrücken. Diese
Schmerzen. Ganz allein. Alles ist Strafe. Ich
bin ernüchtert. Ich bin gefangen. Im
Schmerz. Da komme ich nicht mehr heraus.
Die Erinnerungen sind gnadenlos. Es tut
weh. Alles tut weh. Ich kann nicht sitzen.
Nicht gehen. Nicht stehen. Liegen darf ich
nicht. So kann ich wenigstens die Zeiten
unterscheiden. Wann ich liegen darf, und
wann nicht. Das Licht geht selten aus. Ich
verbinde mir die Augen. Ich kann nicht mehr
schlafen. Ich bin so erschöpft. Aber
körperlich? Also mir tut alles weh. Im
Herzen. Mein Körper. Mein Geist, die Seele.
Ich kann das nicht beschreiben. Man kann
das aushalten. Es kommt kein fröhlicher
Gedanke mehr. Keine Erinnerung. Es gibt
nichts mehr. Ich bin leer. Ich bin allein. Und
es ist meistens Licht. Und immer weine ich
innerlich. Aber keine Träne kommt mir
mehr. Ich bin leer und voller Schmerzen.
Kann mich nicht erinnern das jemand mit
mir freundlich gesprochen hat. In den
letzten Jahren. Ich bin leer. Ich fühle mich
sterbend. Ich warte auf den Tod. Ich kann*

nur noch auf und ab gehen. Ich fühle mich
so KO, so geschlagen. Nichts gibt es mehr.
Gar nichts. Kein Funke Lebenslust. Kein
Lachen. Ich bin schon lange tot. Und doch
nicht. Ein Häufchen Elend voller Schmerzen.
Man nannte mich mal. Jetzt nennt mich
niemand mehr. Ich werde sterben und es
wird mich doch immer geben. Ich bin nicht
wie Jesus, aber ich bin wie ein Märtyrer. Ein
Opfer. Ein etwas das bestraft wird. Ich bin
etwas voller Schmerzen. Überall. Ich kann
nur sagen soviel Schmerzen gibt es. Wer
kann das ausdrücken, wenn man so einer
ist. Einer der Leiden muss. Einer der das
Leid trägt. Ich glaube an Gott und daran das
es Opfer geben muss. Für die Menschen.
Für alle. Ich bin es, so ein Opfer und ich
muss büßen. Ich bin so voller Leid und
Unwohl. Ich kann mich nicht erinnern mich
einmal wohl gefühlt zu haben. Doch kleine
Momente gibt es jeden Tag. Jeden Tag
verfluche ich, das ich sie überleben muss,
um der Nachwelt zu erzählen, wer ich war.
Ich kenne die Strafe, die Folter. Ich kenne
das Elend der Bestraften. Braucht der
Mensch das Bestrafen, um zufrieden zu
sein? Oder sich sicher zu fühlen vor

wirklichen Mördern und Verbrechern? Aber
die findet man ja nicht im Gefängnis, die
wissen sich zu schützen. Braucht es immer
Menschen, die Strafe ertragen müssen. Zu
Recht oder Unrecht. Es ist alles willkürlich.
Denn, wer bestraft und verurteilt, der ist nie
ein Opfer gewesen. Der kennt weder das
Vergeben noch das falsche Urteil, der
urteilt aus irgendwelchen Gründen.
Historisch ist das. Wann wird es das nicht
mehr geben, das Menschen, Menschen
verurteilen dürfen? Ist dem Mensch nicht
klar, das Strafen schmerzt und weder heilt
noch Wunder vollbringt? Strafe ist immer
ungerecht und ein politischer Häftling immer
ein Opfer der Politik.
Und ich ich bin so dumm nicht mehr an
Flucht zu glauben.(Aber die Realität holt
mich ein, fliehe ich vor Berlin? Vor
München? Warum zieht mich Wien so an? Ist
es die Sehnsucht nach der Heimat?) Ich
habe die Hoffnung aufgegeben und
begraben. Auch wenn ich mir täglich kleine
Gemeinheiten, erlaube um die Wärter zu
ärgern und ihnen ihre Arbeit schwer zu
machen. Das ist meine kleine Freude. Wo
kann ich ihnen weh tun. Wie kann ich sie

treffen. *Was kann ich tun um ihren Machtbereich in Frage zu stellen. Ich freue mich dann, ich lache innerlich. Aber ich zeige ihnen immer meine grinsende Fresse, ob ich Schmerzen habe, oder nicht. Ich bin stolz. Es vergeht nicht. Meinen Stolz kann man nicht brechen. Mich kann man nicht zwingen, meine Schmerzen zu zeigen. Mich kann man nur töten. Ich werde nicht vergessen, was man mir angetan hat. Meine Schmerzen sind für alle. Ich habe so fürchterliche Schmerzen und ich werde sie nie heilen können. Nicht einmal der Tod wird mich erlösen. In der Hölle sollen alle meine Peiniger schmoren. Ich verfluche sie alle. Mein Fluch lastet auf dieser Generation. Die Peiniger und Verantwortlichen, die haben mir nicht nur ein Denkmal gesetzt. Die haben mir die Macht gegeben sie zu verurteilen, für immer. Durch mein Opfer. Durch mein Sein. Meine Schmerzen, mein Leid und mein Tod, der bleibt. Der brennt sich in die Geschichte ein. Keiner wird mich vergessen. Keiner soll mich vergessen. Jeder wird meinen Namen kennen. Jeder wird wissen, ich stehe für die ungerechte Bestrafung von anders*

Denkenden. Ich bin ein Rocker und ich bleibe ein Rebell. Hier enden die Gedanken, die Erinnerungen, welche ich mir immer und immer wieder anhören muss und will. Ich acht ihn für seinen Schmerz. Menschenrechte hin, Menschenrechte her! Sie reißt mir die Augenbinde von den Augen. Gott sei Dank. Kein Albtraum. Das alles war Wirklichkeit. Ich weiß jetzt, wie ich Dir ein Denkmal setzen kann. Gott sei Dank bin ich nicht allein. Im Moment. Jetzt muss ich meine alten Manuskripte herausholen sie wieder durchlesen. Eine Story, eines Versuches, das Leben zu bewältigen? Dem Leben etwas abzugewinnen, aus ihm etwas Besonderes zu machen? Sie versucht dem Dolmetscher zu erklären, dass sie Angst hat, für schuldig gesprochen zu werden. Sie hat zwar keine klare Ahnung für was sie alles angeklagt wurde, aber sie hat Angst. Und sie weiß, ihr früherer Geschäftspartner hat es ihr angedroht, dass er sie ins Gefängnis bringen werde, weil sie nicht mit ihm zusammen sein wollte. Mit welcher Geschichte hat es angefangen? Welches Kapitel soll ich aufschlagen. Sie sitzt jetzt ihrer alten

Schulfreundin gegenüber und möchte ihr die Geschichte erklären und die Tagebücher vorlesen. Ein Gefängnis aus Ziegelsteinen für gut tausend Häftlinge. Männer und Frauen, am Stadtrand. Man sieht von manchen Fenstern entweder über die Hügelkette oder auch über das Stadtpanorama. Eigentlich ein ganz schöner Blick hinaus. Der ständig die Lust auf Fluch auslöst. Bewölkt, kein Hauch regt sich. Totale Windstille! Lieber Gott, das ist nicht wahr. Ich bin tatsächlich im Gefängnis. Was soll das, wie lange werde ich hier bleiben. Drei Tage, oder drei Monate? Im Gefängnis angekommen, eingekleidet in die Anstaltskleidung kommt sie erst einmal für eine Woche in eine Isolierzelle im Erdgeschoss. Sie wird beobachtet, wie sie sich verhalten wird, so eingesperrt. Sie starrt die Wand an. Noch gibt es sogar eine bunte Tapete und recht viel Platz. Später sollte sie feststellen, das zwar das Alleinsein in den ersten Tagen sehr hart war, aber besser als gleich den Machtstrukturen in einer winzigen Zelle ausgeliefert zu sein, die dann nur noch halb so groß sein sollte, wie die, in der sie am

Anfang war.
Am Ende der ersten Woche hatten Sie dann
die ersten Kontakte mit anderen
Neuzugängerinnen, da war sie schon Herrin
ihrer Lage und konnte trösten.
Umsiedelung in das obere Stockwerk.
Endlich wieder etwas Licht! Und Xaver, er
schreibt täglich!Vorwärts und nicht
vergessen. Vorwärts, was wird morgen sein.
Ich darf nicht immer zurückblicken. Es sind
ewige Albträume, die Erinnerungen. Und
jetzt die Manuskripte. Sie holen mich ein.
Die Blätter fliegen um mich herum, alle
durcheinander.

ABENDSONATE

Mit seinen
Winterlichen Flügeln
Umarmte
der Abendwald
Wanderers Schatten,

Mondes Eulenauge
Tat sich auf.

Sanft erschrockene
Gleichgültigkeit
Zart eilender Rehe,

Rauhe Weisheit
Verborgener Abendkrähe.

(Rauhe Weisheit,
Kälte ohne Ende.)

Um die Geheimnisse
wehenden Schnees
Wußte der Zweibeiner
Todesspuren
Belächelnder Marder,

Ein Abendhauch
Durchzitterte
Äste wiegend
die graue Ödung.

Sie dreht sich im Kreis, immer starrt sie auf
die Wand vor sich. „Ganz still war es um
mich, seit ich geschieden bin, suche ich die

*Ruhe, die Klausur und die Einsamkeit. Ich
habe Angst bekommen, vor den Menschen.
Bereits seit zwei Tagen, oder sind es zwei
Wochen, oder vielleicht zwei Monate, oder
Jahre? Die Zeit ist für mich irrelevant
geworden. Seit ich verurteilt wurde. Die
Angst ist gewichen, die Angst vor dem
Gefängnis, aber nicht die Sorge, vor Strafe
und auch nicht das Gefühl am Ende zu
stehen." Grimm's Märchen sind heute mein
Thema. Insbesondere das Schneewittchen.
Weil Schneewittchen und Dornröschen,
sowie Schneeweißchen und die Sterntaler
immer so eine Mollstimmung in mir
aufkommen lassen. Zur Zeit lebe ich in Moll.
Morgens, wenn ich aufwache, dann höre ich
Moll-Klaviersonaten und Konzerte in Moll.
Von einem einem Moment in den anderen
werde ich so melancholisch. Die anderen
Grimm´s Märchen. Brüderlein und
Schwesterlein (meine Schwestern werden
wohl nie erfahren wie wichtig mir die
Schwesterliebe ist!), sowie Frau Holle und
Rotkäppchen waren mir auch wichtig. Meine
Mutter hat es geliebt sie mir vorzulesen. Ich
lese sie meinen Mädchen aber noch viel zu
selten vor. Hoffentlich finden sie Zeit, sie*

ihren Kindern einmal vorzulesen.
Schneewittchen und die sieben Zwerge.
Dieses Märchen habe ich immer und immer
wieder gelesen! Immer bin ich in die Rolle
dieses schönen Mädchen geschlüpft. Immer
wollte ich Schneewittchen sein. „Es war
einmal mitten im Winter, und die
Schneeflocken fielen wie Federn vom
Himmel herab, da saß eine Königin an einem
Fenster, das einen Rahmen von schwarzem
Ebenholz hatte, und nähte." So poetisch
finde ich diese Bild. Noch heute ist es das
Madonnenbild in meinem Herzen.
Ich nähe auch wieder und sitze am Fenster,
wenn ich schreibe, nachdenke und arbeite.
„Und wie sie so nähte und nach dem Schnee
aufblickte, stach sie sich mit der Nadel in
den Finger, und es fielen drei Tropfen Blut
in den Schnee." ···.Oh je.
„Ihre Pässe bitte!"....Schneewittchen muss
sich retten!
Ach, bitte ···schnell! Wie könnte ich fliehen.
Ich schau mich um. Viele Menschen. Warum
habe ich nicht trainiert gut laufen zu können.
Jetzt wäre es eine Chance. Hier auf dem
Bahnhof. Hier steh ich noch ohne
Handschellen, ohne Gitter ohne eisernen

*Griff. Später als ich zum Gericht gefahren
wurde, erinnere ich mich. Dort auf dem
Bahnhof wäre es die Beste Chance gewesen
um davonzulaufen und sich zu verstecken.
Nun verschlingt mich die Justiz. „Nun war
das arme Kind in dem großen Wald
mutterseelenallein und hatte große Angst
und wußte nicht, wie es sich helfen sollte."*

WARNUNG

*Kind, hüte dich
Vor den Augen
Des Märchenbrunnens!*

*Die Wiesen
Seines Spiegels
Tragen dich nicht,*

*Auch nicht
die wolkenweißen
Abendpferde...*

*Es dämmert schon!
Die klugen Brunnenschlangen*

Ringeln sich um deine

Zögernden Füße...
Eile!
Besinne dich nicht!

(Achim v. Hirschheiydt)

„Da fing es an zu laufen und lief über die
spitzen Steine und durch die Domen, und die
wilden Tiere sprangen an ihm vorbei, aber
sie taten ihm nichts." (Ganz mutig und kühn,
oder?) Gott sei Dank, bin ich nicht geflohen.
Noch heute wäre ich auf der Flucht. Ein
Leben im Untergrund. Immer wieder male
ich es mir aus. Was ich weiß von Anne
Frank und anderen. Ich weiß es geht. Es
geht unter den schlimmsten und
schwierigsten Umständen. Es gab immer
Menschen die das geschafft hatten, so einer
wollte ich sein. Dann endlich bei den sieben
Zwergen! Aber wie diese Zetern! Wer hat
von meinem Tellerchen gegessen und so
weiter. Wie poetisch. Ich muss mir dieses
Gezeter immer unter den Kindern anhören.
Das ist meins, Wieso hast Du das? Wieso
bekommst Du etwas, was ich nicht habe?
Dann sah sich der erste um und sah, daß auf
seinem Bettlein kleine Vertiefung war. Da

*sprach er: „Wer hat in mein Bett getreten?"
Die anderen kamen gelaufen und riefen: „In
meinem hat auch jemand gelegen." Als der
siebente aber in sein Bett sah, erblickte er
Schneewittchen, das lag darin und schlief.
Einer der Schönsten Momente ist es,
jemanden im Schlaf zu betrachten, der sich
ausruht. Entspannt ist und gerade keine
Sorgen hat. „Da erzählte es ihnen, daß seine
Stiefmutter es hätte umbringen lassen
wollen, der Jäger hätte ihm aber das Leben
geschenkt, und da wäre es den ganzen Tag
gelaufen, bis es endlich ihr Häuslein
gefunden hätte." Die Zwerge sprachen:
„Willst du unseren Haushalt führen, kochen,
Betten machen, waschen, nähen und
stricken, und willst du alles ordentlich und
rein halten, so kannst du bei uns bleiben,
und es soll dir an nichts fehlen." Das
versprach Schneewittchen und blieb bei
ihnen. Die Gute! Die Königin aber, die
glaubte, Schneewittchens Lunge und Leber
gegessen zu haben, dachte an nichts
anderes, als wieder die Erste und
Allerschönste zu sein, und trat vor ihren
Spiegel und sprach: „Spieglein, Spieglein an
der Wand, wer ist die Schönste im ganzen*

Land?"
ich möchte auch immer schön sein und ich
möchte es auch meinen Töchtern bei
bringen, den Wunsch immer schön und
geliebt zu sein.

AN EINE DIE FORTGING

Leichter als Frühwind
Verhauchte
Dein Abschiedskleid
Rosengolden
Am westlichen Himmel.

Bald werden
Die Gebirge und Hügel
Unter den
Lichtergedanken der Sterne
Dunkelheit sein.

Sieh das
Abschiedsglühen der Sonne,
Ihre Lippen
Berühren das Herz,
Die gebeugten Gräser. (A.v.H)

Dieses Märchen wird nie enden und immer

so weiter gehen. Gott sei dank kann ich es auswendig. Satz für Satz. Was bleibt ist eben das, was man im Kopf hat. „Da antwortete der Spiegel: „Frau Königin, Ihr seid die Schönste hier, aber Schneewittchen über den Bergen, bei den sieben Zwergen, ist noch tausendmal schöner als Ihr." Da erschrak sie, denn sie wußte, daß der Spiegel keine Unwahrheit sprach, und merkte, daß der Jäger sie betrogen hatte, und Schneewittchen noch am Leben war." *Meine Kinder haben jetzt eine Lügendetektor am Handy und probieren das aus. Wann klingt etwas wahr und wann erkennt man die Lüge und woran liegt das? Nur am Tonfall?* Und da sann und sann sie aufs neue, wie sie es umbringen könnte; denn solange sie nicht die Schönste war im ganzen Land, ließ ihr der Neid keine Ruhe. „Nun will ich dich einmal ordentlich kämmen." Das arme Schneewittchen dachte an nichts Böses und ließ die Alte gewähren; aber kaum hatte sie den Kamm in die Haare gesteckt, als das Gift darin wirkte und das Mädchen ohne Besinnung niederfiel. „Du Ausbund von Schönheit", rief die boshafte Frau, „jetzt ist's um dich geschehen" und* ging fort. *Zum Glück aber war es bald Abend und die sieben Zwerglein kamen nach Hause.* ·····„*Ach Gott, wo bin ich?" rief es. Der Königssohn sagte voll Freude: „Du bist bei mir", und erzählte, was sich zugetragen hatte und sprach: „Ich habe dich lieber als alles auf der Welt; komm mit mir in meines Vaters Schloß, du sollst meine Gemahlin werden." Da war ihm Schneewittchen gut und ging mit ihm, und ihre Hochzeit wurde mit großer Pracht und Herrlichkeit vorbereitet. Die Königin mußte fort und die junge Königin sehen. Und wie sie in den Ballsaal trat, erkannte sie Schneewittchen, und vor Angst und Schrecken stand sie da und konnte sich nicht regen. Es waren schon eiserne Pantoffeln auf ein Kohlenfeuer gestellt; die wurden mit Zangen hereingebracht. Da mußte sie die rotglühenden Schuhe anziehen und darin tanzen, daß ihre Füße jämmerlich verbrannten, und sie durfte nicht aufhören zu tanzen, bis sie tot zu Boden fiel. Wie beeindruckt war ich als von einem Seminar gehört habe, bei dem man lernt über glühende Kohlen zu gehen, ohne sich zu verbrennen. Ist Einbildung auch eine*

Bildung, oder kann man doch über Wasser
gehen. Ich denke es ist möglich unmögliches
wahr zu machen. Und ich glaube an
Selbstheilung und die Visionen Berge zu
versetzen. Auch das man mit dem Kopf
durch die Wand laufen kann, mag
schmerzhaft sein. Aber auch erfolgreich.
Fluch, Sehnsucht nach einem Stillstand. Still
war es um sie geworden, bereits seit zwei
Tagen. Kaum Schritte, kaum ein Geräusch.
Sie war im Keller eines sehr alten
Gefängnisses. Das Fenster war zugeklebt.
Sie konnte sich nicht orientieren. Draußen
war sie auch noch nicht gewesen. An den
ersten drei Tagen in Haft, bekommt man
noch keinen Hofgang. Man soll sich erst
einmal beruhigen. Außerdem war
Wochenende. Nichts. Stundenlang nichts.
Sie starrt das Waschbecken an und die WC
Schüssel, gleich neben der Tür. Sie hat
nichts zu tun, als auf und ab zu gehen und
nachzudenken. Sich selbst zu fühlen. Wie es
sich anfühlt, eingesperrt zu sein. Nun es
fühlt sich leer an. Am Montag dann endlich
geht die Zellentür auf. In den letzten
zweiundsechzig Stunden ist nur die Klappe
aufgegangen für das Essen, die Knödel und

das Brot, am Morgen und am Abend.
Morgens mit Butter, abends mit
Streichwurst. Nun bekommt sie endlich
Gesellschaft. Ein Neuzugang. Wer ist das.
Sie weint die ganze Zeit. Ja, es ist nicht
leicht verhaftet worden zu sein. Sie ist leer
und still geworden und hofft auf die kleinste
Veränderung. Auf die Veränderung von
Lichtverhältnissen und Geräuschen im Raum
und vom Gang her. Dann, sie kann nichts tun
und nichts anfangen, mit diesem neuen
Mädchen. Außer ihm zu sagen, das jetzt
sehr lange gar nichts passieren wird. Das
Nichts zu ertragen ist am Schwersten.
Nichts tun zu können, außer seinen eigenen
Kopf zu gebrauchen. Die Gedanken
schwirren herum. Warum musste ihr das
passieren. Was war geschehen? Was hat sie
falsch gemacht. Wer wollte sie im Gefängnis
sehen und wer hat sie und warum überhaupt
angezeigt? Also, alles dreht sich im Kreis.
Sie macht sich vorwürfe, nimmt die neu
Angekommene in den Arm. Sie sprechen
nicht die gleiche Sprache. Sie kann ihr nur
sanft über das Haar streicheln. Sie weiß,
das tut gut. Bei ihr war niemand da, in den
ersten Tagen. Niemand, der sie getröstet

Unkorrigiertes Lesexemplar_Jeder Käufer erhält eine kostenlose Neuauflage,
auf Anfrage, bei ZÜP-Company Edition, A-2041 Wullersdorf 41.

hätte, niemand, der ihr beigestanden wäre.
Einfach nichts und niemand. Gar nichts. Kein
Stück Papier, kein Stift, kein Mensch, kein
Hauch, kein Sonnenstrahl, keine Worte,
keine Stimmen, einfach nichts. So ruhig, als
wenn sie alleine wäre, in diesem riesigem
Gefängnis. Nun sollt sich das ändern. Die
Tür ging noch einmal auf, noch eine andere
Frau! Jubel, ein weiterer Mensch. Aber auch
wieder Stille, weil keine gemeinsame
Sprache vorhanden war und keine Worte für
die einfachst Kommunikation gefunden
werden konnte. Nur ein Hallo, dann schlief
sie auch schon, später weinte sie still und
leise stundenlang vor sich hin. Dann der
erste Hofgang, zu dritt. Wie aufregend!
Also, da gab es endlich etwas zu sehen. Auf
der linken Seite scheinbar der Männertrakt.
An den Fenstern hingen einige Jungs und
winkten. Dann auf der anderen Seite der
Frauentrakt, dort waren aber die meisten
Fenster geschlossen. Eigenartig. Aber die
Fenster dort waren auch alle viel kleiner
und eher nur so kleine Luken. Wir wurden
gefragt, wie wir heißen, wie lange wir schon
da sind und woher wir kommen. Die Jungs
wollten alles wissen. Wir hatten Angst zu

plaudern und schauten eher nur auf den Boden. Dann flog ihr ein Zettelchen vor die Füße! Wie wunderbar, mit Herzchen darauf, was für ein Glück, ein Verehrer! Blickwinkel verschieben sich. Der Erste, der Beste, der Liebste, Valerie! Nun war die Welt gerettet. Die Sonne strahlte. Eine frische Priese zog durch den Hof. Valerie schickte ihr seine Zellenadresse und eine Briefmarke und schrieb, sie solle ihm schreiben. Man dürfe sich untereinander Post schicken, von Häftling zu Häftling, über den Briefträger und die Post. Es dauert nur einen Tag! Wie glücklich war ich. Endlich jemand, mit dem ich sprechen konnte. Endlich jemand, mit dem ich schreiben könnte. Ich war der glücklichste Mensch auf der Wellt, dachte sie! Dann am nächsten Tag hatte sie Besuch von einer Anwältin und wurde in eine andere Zelle verlegt. Außerdem durfte sie aus ihrem Koffer ein paar Dinge, ein Buch etwas zum Schreiben und ein Foto herausnehmen. Sie kam in eine kleine Zelle, aber mit offenem Fenster. Alles ganz desolat und heruntergekommen, aber sehr sauber! Später sollte sie den Putzrhythmus

kennenlernen. Jeden Tag wurde zweimal
gefegt und alles gewischt. Außerdem
mussten sie wirklich alles gut aufgeräumt
halten. Einmal im Monat, kam ein
Kammerjäger, der sprühte alles mit Gift ein,
so daß keine Läuse und Kakerlaken auf die
Idee kommen konnten sich hier einzunisten.
Kamen sie auch nicht. Sie sollte nie eine
Spinne, Mücke, Flieg, oder sonst ein Tier
sehen. Es gab hier nichts. Keine Grashalme
und keine Tiere, kaum Luft und nur vier
andere traurige Frauen. Recht anonym war
alles, weil sie fast keine der Sprachen
konnte, die hier gesprochen wurden.
Abschiebehaft im Ausland. Super, was für
eine Abgeschiedenheit. Nun, nach fast einer
Woche konnte sie endlich den ersten Brief
schreiben. Und ihr Tagebuch beginnen. Sie
wollte noch einmal zurückblicken auf diese
ersten Tage und was sie dann doch von den
zwei Frauen gelernt und erfahren hat, die
mit ihr waren. Zuerst einmal deren Namen,
die waren sehr exotisch und sehr fremd,
dann deren Erscheinungen, die eine sehr
klein, aber Mutter von drei Kindern. Die
andere sehr groß und sehr hässlich, auch
Mutter von zwei Töchtern. Beide sahen sehr

unschuldig und sehr verzweifelt aus. Und auch sehr fremd! Beide weinten viel, fluchten und manchmal standen sie einfach verzweifelt und sehr still herum. Sie versuchte herauszufinden, was geschehen sein konnte. Selber dachte sie bei sich, das es gut sei, das sie nicht vermisst wurde. Es war still, aber nun, in dieser neuen Zelle, gab es viele neue Ereignisse. Zuerst einmal eine ganz andere Geräuschkulisse vom Gang, viel mehr Schritte, viel öfters Bewegung und großes Geschrei. Bald lernte ich die Wärterinnen zu unterscheiden und das Fauchen von Charlotte kennen. Dann, in der Zelle durften wir morgens und abends jeweils ein paar Stunden das Fenstern öffnen, schrieb sie in ihr Tagebuch. Draußen konnte man auf die Hofzellen sehen, von oben. Und Valeries Fenster war keine fünf Meter entfernt, was für ein Glück. Ihr Herz jubelte und so bekam die erste Briefpost durchs Fenster! Pläne braucht man immer.

Unkorrigiertes Lesexemplar_Jeder Käufer erhält eine kostenlose Neuauflage, auf Anfrage, bei ZÜP-Company Edition, A-2041 Wullersdorf 41.

Wieder Wochenende, Sonne und Einsamkeit.
Keine Sicherheiten und keine Geborgenheit,
sondern ständig das Gefühl, es wird sich
etwas ändern müsse.

WINTERNACHT

Winternacht,
Schneelichter Reiter
Über den Weiten.

Weiße Windfrauen
Leuchten dem Fliegendem Heer.

Eisnebels Tücher
Verhüllen
Kapelle und Eiche.

Fuchses lauschen,
Traumworte
Plaudert die Quelle. (Achim v. H.)

Es stürmt, hagelt regnet und schneit, ein
echtes Aprilwetter. Ganz still war es um
mich, bereits seit vier Tagen. Ich war hier
in dieser Zelle ganz allein. Es war das

Wochenende nun endlich vorbei und sie hatten zum ersten Mal Hofgang. Liebe Anuschka! Grüß Dich, ich habe gestern mehrmals Deinen Namen gerufen, aber DeinZellenfenster blieb immer verschlossen. Hast Du mich gehört? Ich möchte dass Du immer weißt, dass ich jede Minute des Tages an Dich denke. All meine Gedanken sind immer bei Dir. Morgen bekommst Du das erste Mal Post über den Briefträger von mir. Gäbe es doch einen Spalt in den Wänden, immerzu würde ich mit Dir flüstern wollen. Wird das überhaupt Deine erste Post hier sein? Wie lange bist Du schon hier? Zehn Tage? Oder sind es schon mehr. Ich habe Dich, von der ersten Minute an, geliebt! Als ich Dich zum ersten Mal gesehen habe Du hast mir so gut gefallen, bist hübsch und so nett anzusehen. Du bist hier in der Knasthölle angekommen und trotzdem lachst Du und schaust fröhlich aus, das ist erstaunlich und bewundernswert. Ich habe wirklich begonnen Dich zu lieben. Viel Glück wünsche ich Dir, möchtest Du meine Brieffreundin sein? Dein Valerie Und so existiert sie, obwohl sie wirklich nicht begreifen kann, was hier passiert und wo sie sich jetzt eigentlich befindet. „Liege ich auf einer schönen Wiese unter Apfelbäumen oder bin ich dort in der Vergangenheit, oder in einem Albtraum? Aber eines ist sicher, ich existiere, ich werde geliebt und ich erlebe jeden Tag etwas dass mein Sein rechtfertigt. Schlimmes, gutes und reales. Innerhalb von vierundzwanzig Stunden sind sicher ein paar auch gute und glückliche dabei. Gerade fühle ich mich nicht gut. Aber ich weiß es, diese Regel von den guten und schlechten Stunden des Tages." Die stimmt fast immer. Deswegen kann der Mensch überall überleben, sogar im Konzentrationslager, weil er immer etwas findet, was ihn auch freut. Und wenn es nur ein Grashalm ist, an den er sein Herz hängt. Aber die zweite Welt, die irreale, in der ich mich befinde, die besteht aus dem was ich denke, aus meiner Vergangenheit, die mich hier scheinbar eingeholt hat und aus meinen Träumen. Ich sollte gleichzeitig mehrere Bücher schreiben. Habe ich ja schon immer gemacht. Die Phantasien und Erzählungen des Tages, welche aus der Begegnung mit den Tragödien der Mithäftlinge besteht, belastet mich ungemein. Fertig möchte ich

Unkorrigiertes Lesexemplar_Jeder Käufer erhält eine kostenlose Neuauflage, auf Anfrage, bei ZÜP-Company Edition, A-2041 Wullersdorf 41.

damit sein und es abschließen. Mich
reinigen und einen Schlussstrich ziehen
können. Aber das geht nicht. Alles kommt
immer wieder zurück. Am Häufigsten in
meinen Träumen. Ein Traumbuch mit
Reflexionen und eben ein Tagebuch. Eines,
welche die Ereignisse hier ganz
atmosphärisch beschreibt. Eines, welches
meinen Sinneseindrücke reflektiert, wie z.B.
meine Erinnerungen an Goethe; „Über allen
Gipfeln ist Ruh!" Ruhig ist es hier, fast den
ganzen Tag lang. So viel Ruhe hatte ich
noch nie. Gestern habe ich die gesamten
Goethezitate entdeckt, die hätte ich wirklich
große Lust auswendig zu lernen. Erinnere
mich an meine Versuche als Schauspielerin.
Mir käme es fast vor wie eine gute Therapie
oder eine Kur, bzw. ein Sanatorium, wenn
nicht diese irre Armut, der Befehlston und
die Strenge wären Dann könnte ich meine
Beobachtungen aufschreiben und die
Gegenstände, weiterhin die anderen
Mithäftlinge beschreiben, sowie, wie man
mit uns umgeht. Das sollte ich ganz neutral
beschreiben. Es ist ungeheuerlich und sehr
schwer zu ertragen. Die Physiognomie aller
Dinge, bzw. das Wesen aller Objekte in

*einer Haftanstalt, ist interessant. Wie der
Hof aussieht, in dem die Gefangenen
spazieren gehen dürfen, wie die Zellen, die
Gänge. Und auch die Duschen. Der
Bewegungsraum ist klein, viel Neues gibt es
nicht. Die Tage vergehen, wie in Thomas
Manns Zauberberg die Jahre vergehen. Die
Zeit bekommt einen gleichmäßigen Gang.
Förmlich einen Fluss wie der Flusslauf eben
eines solchen. Er plätschert dahin, so, wie
die Ereignisse gemächlich dahin plätschern
in einem sanften Moll. Spannend ist
eventuell noch der öffentliche Trakt, in den
man nur darf, wenn man zum Beispiel eine
Aussprache mit dem Pfarrer hat. Das war
es. Sonst gibt es noch den Tag, den
bedeutenden Gerichtstag. Und dieser wird
tagelang erwartet, wochenlang herbei
gesehnt und dann besteht er nur aus warten.
Und ausharren. Die Mahlzeiten fallen aus.
Die Zeit wird abgesessen in kleine Räumen
und Fenstern, den Schleusen. Stundenlang
sitzt man dort drinnen und wartet. Man
wartet, das sich die Tür öffnet. Größer ist ja
der Radius gar nicht mehr, denn alles spielt
sich im Kopf auf. Die Überlegungen, wie
man fliehen könnte und entkommen. Aber*

das gibt es nicht mehr das entkommen vor der Realität. Das ist aufgehoben, die Möglichkeit etwas selber zu bestimmen. Das wird jetzt vielleicht die Realität für zehn Jahre. Wirklich, zehn Jahre Haft steht auf das, wofür sie angeklagt ist. Gott sei Dank steht sie nicht unter Mordverdacht, sondern nur Untreue als Geschäftsführerin. Das ist ja wenigstens ein Kavaliersdelikt. Nun gut, wenn man schreiben darf, kann man diese Klausur ja vielleicht aushalten. Sie denkt an Ulrike Meinhof und andere Berühmtheiten, die durch die Bücher, welche sie in Haft geschrieben haben, bekannt wurden. Den das ist ihr das Wichtigste Bekannt zu werden. Eine Legende und eine Besonderheit zu sein. Das ist der Sinn des Lebens. Etwas besonderes gemacht zu haben und wenn es nur ein besonders ungewöhnliches Leben sein wird. Die Blüten sind das Schönste. Die Apfelblüten. Abendbrot im Abendrot. Abendbrot! Endlich. Abendrot, die Sonne geht jetzt langsam wieder später unter. Das Glück, das doch wiederkehrt, was der Autor auch auf seine Wiederbelebung des Märchens bezieht. Sie liebt die Vermischung

Unkorrigiertes Lesexemplar_Jeder Käufer erhält eine kostenlose Neuauflage, auf Anfrage, bei ZÜP-Company Edition, A-2041 Wullersdorf 41.

von realem und irrealem, von Wirklichkeit, erträumten und ausgedachtem. „Mir ist es unheimlich. Ich träume oft von Verstecken. Heute hatte ich wieder zu eine doppelte und fast märchenhafte Ebene im Traum." Es war ein komplizierte biegsame Leiter auf der man die Strecke nur erfolgreich hinunter kam, wenn man vorher nachdachte. Ohne Denken geht es nicht. Nur wenn man vorher an deren richtigen Stelle einen anderen Knick angebracht hat, nur dann schaffte man es. Ansonsten drohte man in der Mitte hängen zu bleiben. Sozusagen in der Luft zu schweben und weder rückwärts noch vorwärts zu können. Am Ende waren wir in einem Baumhaus welches in ein Haus eingebaut war, so daß man aber von außen nicht realisieren konnte, das es dort noch eine Innenwelt gab. Durch eine kleine Luke oben kam Luft hinein. Aus irgendeinem Grund wurden wir aber entdeckt und mussten daher ganz still sein. Durch ein Schleudersystem wurden wir zusammengequetscht. Ein Mann und ich, der auch noch einen Sohn hatte, der alles mit bekam und entsetzlich Schrie! Also, was das alles zu bedeuten hat.

*„Ich denke an all die Literatur, die ich so
gelesen habe in meinem Leben und werde
ganz nachdenklich, aus einer Haltung
kritischer Ironie." In den Dialogen und
Streitgesprächen der Romanfiguren findet
sich eine scharfsichtige Zeitdiagnostik, sagt
man über Thomas Mann. Das schwebt mir
auch vor. Zeitzeugin zu sein und ein
Mahnmal. Jemand der erlebt, reflektiert und
mitteilt, damit Veränderung möglich ist. Viel
Unausgesprochnes zehrte an ihr und erst
recht an mir. Viele Erlebnis belasteten sie
und ich denke an all die Trennungen, an all
die gepackten Koffer und dieses große
Bedürfnis von mir nach einem Haus und
einem Ort an dem all meine Sachen sind.
Alles will ich aufbewahren. Jedes Stückchen
Papier. Jede Erinnerung. Jedes
Kleidungsstück. Nichts mehr darf verloren
gehen. Ich hänge an allem und habe dabei
das Gefühl wirklich verrückt zu werden.
Mein Kopf platzt. „Und darum hatte sie auch
gar nicht an ihrer Vergangenheit zu tragen",
das wird es bei mir nicht geben. Das soll mir
nicht passieren. Dann sind nicht nur meine
Gedanken wichtig, sondern auch die
Ereignisse in Zusammenhängen. Die*

*Geschichte beruht ja auf einem
tatsächlichen Ereignis. Die Namen der
Beteiligten sind besser zu ändern, oder
nicht!? Soll ich sie auf die erste Letter mit
Punkt reduziert. Weitere Namen werde ich
zur Poesie der Geschichte verändern, wenn
die dadurch Betroffenen einverstanden sind
lasse ich einige auch real, damit es ihnen
dient, als direktem Dank für die Ereignisse.
In meinem Kopf kreisen so viele Gedanken.
So viele Sorgen. Wie kann ich es
verhindern, das sich jemand wiedererkennt.
Jemand aus meinem Bekanntenkreis
plötzlich meint, ich würde etwas
persönliches berichten. Heute bin ich sehr
betroffen, ob es gut ist diese Geschichte zu
publizieren, oder ob sie nicht besser noch
zwanzig Jahre liegen bleiben sollte, bzw.
einfach nur für meine Nachkommen da ist.
Die Geste, des Dankes ist mir wichtig. Nach
Thomas Mann schließen sich
Lebenstüchtigkeit und seelisch−geistige
Differenzierung aus. Diese Annahme folgt
einer literarischen Strömung des
ausgehenden 19. Jahrhunderts, für die
Nietzsche den Begriff Décadence in den
deutschen Sprachgebrauch eingeführt hat.*

Wie sehr sich die Lehre vom pathologisch degenerativen Ursprung der Genialität damals verbreitete und bis zum Beginn des Ersten Weltkriegs zum Modethema wurde, beweist u. a. die Bibliographie, die der Psychiater Wilhelm Lange-Eichbaum 1927 in seinem Bestseller Genie und Wahnsinn veröffentlichte. Denn über fünfzig Freunde und Bekannte haben mich in dieser Zeit mit dem Nötigsten und vor allem mit Literatur und Post versorgt. Aber auch ganz simple Dinge, wie Seife, Shampoo und Neskaffee waren wichtig, um diese Zeit zu überstehen. Der Mangel an Bewegung war schlimm zu ertragen. Und dann gilt mein Dank natürlich auch: Frances Decang, Ilse Sommer, Suzanna Züp, Marietta Brown, Beatrice Bankmann, Elena Licht, Jacquline Hagebuch, Rose-Marie Zeppelin, Gisele Anders, Charlotte Fink, Kathrin Gruen, Lilli Blau, Winnie Buchbaum, Angela Carlos, Anuschka Gordon, Valentina Philipp, Zoe Hochegger, Lisbeth Muni, Paulina Kraus, Sophia Mühlbach, meine Leidensgenossinnen, die mir Ihre Geschichten erzählt haben und mit denen ich so viele Stunden und Tage zusammen gelebt habe. Die Namen möchte ich zu Romanfiguren entwickeln. Das ist mein Plan. Die Briefe, die ich später an sie geschrieben habe füge ich später in die Texte ein. Am Meisten bewegen mich aber die Antworten und die Geschichten, was aus all meinen Leidensgenossinnen geworden ist. Ich bin erschüttert, wie schwer das Leben für viele Frauen immer noch ist und wie wenig die Emanzipation gerade für die Frauen aus dem Ostblockländern schon Realität ist. Wir kämpfen immer noch gegen Armut, gegen die Macht der Männer für unsere Kinder, für die Liebe.

SPIELMANN RACHE

„Vergeßene Perlen
Leihe ich
Meinem Kleid",

Meintes Du noch–
Und entschloßene
Hornissen
Streichelnd dein
kicherndes Klavichord,

Zum Gardinengesang
Aus papierner Blüte
Großmütterlichen
Mandolinengetändels:

Vom Todesbalken
Tropft es–

Tapetengetriller... (Achim v. H.)

Liebste Anuschka, meine geliebte
Brieffreundin, danke für Deine Antwort, ich
habe mich sehr gefreut auch von Dir Post zu

bekommen. *Ich weiß, ich bin der einzige der hier deutsch spricht und daher hast Du keine Wahl, aber mir ist das recht! Ich liebe Dich! Schön, dass Du meine Freundin bist, ich werde Dir jeden Tag schreiben! Du wirst sehen, dadurch vergeht die Zeit schneller, Dein Valerie! Valerie und Alesch, sowie Milan und Matthias, die Brieffreunde Ein besonderer Jahreswechsel, eine besondere Fastenzeit! Weitere Darsteller: Anuschka Brown, ich! Tanja Kirchberg, Mutter von zwei Kindern. Miriam Ludomirkovic, ebenfalls Mami, eine Tochter, aus MoldaZürich. Palovina Zettel, eine blondhaarige Zigeunerin, deutschsprachig. Petra und Bianca Kumasic, aus Bulgarien, beide sehr schweigsam Paula Nusic, aus Polen, ganz lustig und recht jung. Nathalie Kempinski, 15 Jahre, eine Mörderin? Sowie: Frances Decang, soll eine Kreditkartenbetrügerin sein, Ilse Sommer, hat gestohlen, Suzanna Züp, behauptet Urkunden gefälscht zu haben, Marietta Brown, ist der Geldwäsche angeklagt, Beatrice Bankman, hat sich mit einem Gauner eingelassen, Elena Licht, hat Blüten gedruckt und ist sehr stolz darauf, Jacquline*

*Hagebuch, fälschte Ihre Lohnzettel und
betrog Ihren Arbeitgeber, Rose–Marie
Zeppelin, ist wegen Mordversuch angeklagt
worden, ist aber unschuldig, Gisele Anders,
hat einen falschen Pass benutzt, und ist
wegen Grenzkontrollverstoß und illegalem
Grenzübergang angeklagt, Charlotte Fink,
hat ständig die Unterschrift Ihres Mannes
gefälscht, und dadurch viel Chaos
angerichtet, Kathrin Gruen, hat sich falsche
Pässe machen lassen, Lilli Blau, hat
versucht ein Auto zu stehlen, Winne
Buchbaum, hat ebenfalls Dokumente
gefälscht, Angela Carlos, hat sich
prostituiert, Anuschka Gordon, war in einer
Spielhalle verdächtigt worden wegen
Falschspielerein, Valentina Philipp, ist
Hehlerin, Zoe Hochegger, eine Diebin,
angeblich aber eher unschuldig, Lisbeth
Muni, ist wegen einem fehlendem Visum da,
Paulina Kraus, hat auch einen falschen Pass,
Sophia Mühlbach, ist wegen einer Schlägerei
verhaftet worden. Soweit ein Überblick über
alle weiteren Mithäftlinge. Sie ist in einer
Fünfer Zelle gelandet. Es ist sehr eng und
meisten sogar zu wenig Luft zum Atmen.
„Es sind vier sehr gute Frauen, mit denen*

ich jetzt zusammen bin. „ *Eine ganz junge,
ein 15 jähriges Mädchen, welches
beschuldigt wird seine Großmutter
umgebracht zu haben. Zwei ganz kriminelle
Bordellchefinnen. Eine ältere Lehrerin. Eine
Historikerin. Verschiedene Neuzugänge und
Abgänge. Eine sehr strenge Wärterin
Charlotte und eine sehr gute, die anderen
ohne Namen. Ein Pfarrer. Eine Richterin,
eine Staatsanwältin, ein Dolmetscher.
Verschiedene Transportwärter, Aufpasser
und Wächter. Weiterhin verschiedene
Polizisten. Wenn wir uns in einem Film
befinden würden. Dann säßen wir jetzt im
Zug, hätten gerade die Hauptstadt
verlassen. Die letzten Stadtbilder zögen an
uns vorbei. Das Abteil, recht voll, keine
freien Plätze mehr. Sechs Personen. Auf
dem Gang auch viele Menschen. Ein
Gedränge, Polizeikontrolle. Suchen Sie
jemanden? „Bitte Ihre Pässe!" Unter
anderen wird auch Deutsche wird
kontrolliert, alle Pässe werden mit Blaulicht
eingescannt. Wen suchen Sie? Eine
ungewöhnlich scharfe Personenkontrolle.
„Bitte, Sie müssen mitkommen, Ihr Pass ist
nicht in Ordnung!" Sie erinnert sich, als*

wenn es gestern gewesen wäre.

"Spürst Du, kaum ein Hauch!" Draußen ist es Windstill. Gefängnismauern halten dicht. Hagel, draußen stürmt es wenig später. Dann ein schöner Regenbogen, Sonne und endlich kein Wind mehr. Wie die Ruhe nach dem Sturm, war das. Bringen Sie mich erst einmal auf den Stand, was war damals eigentlich los? Warum wurden Sie verhaftet und wie ist es dazu gekommen. Fragen die aufkommen.„In Kürze, wegen einem Mann, den ich stehen gelassen habe. Weil ich nicht mehr wollte, wie er wollte? Oder, weil ich zu mutig war?" Sie versucht einen Rückblick, aber vieles hat sie schon vergessen. „Zuerst verbrachte ich einige Wochen auf dem Rücken der Pferde, dann ein Sturz der alles verändert hat." Ich konnte nicht mehr gerade gehen, alles hat sich gedreht, ein Gehirnschädeltrauma. Ein Trauma, begann damit ein großes Trauma? Am 12. Mai 2007 hatte das Stück im Düsseldorfer Schauspielhaus Premiere.

Also, wir befinden uns jetzt auf einem

Unkorrigiertes Lesexemplar_Jeder Käufer erhält eine kostenlose Neuauflage, auf Anfrage, bei ZÜP-Company Edition, A-2041 Wullersdorf 41.

*Holzstuhl in einem größeren Raum, auf der
Wache. Drei Personen sind da, außer der
gerade verhafteten Frau. Eine Story, eines
Versuches das Leben zu bewältigen? Dem
Leben etwas abgewinnen, aus ihm etwas
Besonderes zu machen? sie hat Angst. Und
sie hat Angst vor der Macht des Bösen. Mit
welcher Geschichte hat es angefangen?
Welches Kapitel soll ich aufschlagen.
Bücher, Bücher verfolgen. Sie bleibt bei sich
selbst und hat Angst. Sie beginnt Listen
anzulegen, was sie gerne alles lesen würde.
z.B. Von Thomas Mann und Mitgliedern der
Familie Mann über die Familie Mann. „Meine
Angst, vor dem „alleine Leben", habe ich
aus dem Weg geräumt, in dem ich mich dazu
entschlossen habe, Nathalie und ihre
Familie, mit ihrem zwei Kindern
aufzunehmen und mit ihnen zu leben. Für sie
irgendwie auch zu sorgen. Habe sie so sehr
ins Herz geschlossen." So ein Aberglaube.
Phantasien einer Großgrundbesitzerin.
„Hoffentlich ist ihr Mann nett. Aber sie ist
so clever, so arbeitswütig, so sauber, dass
ich mich schon sehr darauf freue." Bin
gespannt, was sie mir auf meinen Brief
antwortet. Unsere Paketfeste hier waren*

*immer so super. Meine ganz persönliche
Geschichte lasse ich hier im Moment noch
aus, weil sie gut durchdacht gehört! Es gibt
auch so viele Gründe sie für sich zu
behalten. Nur die Phantasie der meisten
Menschen geht mit ihnen durch, wenn sie
nicht die wahre Geschichte kennen. Ich
habe Angst, alles was ich schreibe, kann
auch beschlagnahmt werden und gegen mich
verwendet werden. Daher schreibe ich
besser nichts über die Vergangenheit,
denke ich. Ich mache besser keinen Bericht,
über all die unglücklichen Ereignisse und
Geschehnisse, warum ich nun hier in dieser
Lage bin, warum ich zur Haft
ausgeschrieben wurde. Besser berichte ich
es nur meinem Anwalt. Aber ich versäume
nichts. Aber ich sorge mich, dass auch alles
in die richtigen Hände kommt und nichts
kopiert wird und dann direkt an die
Richterin geschickt wird, welche mein Urteil
sprechen wird.*

Ich fürchte mich ...
Wieder kommen mir die Gedichte von Achim
in den Sinn, ein ewiger Trost:

FORT! Fort!

Verlassene Bank!
Als ich mich niedersetze
und kalten Marmelsteines
Wange netzte
Mit sauren Irrens
Freudenjammerqual,

Heizte mich nach
Dein heißes Zweythgesichte,
So wonnenreich getheylth
Und sündensonnenweiß!

O der Entflogene,
Rein von Mannesschweiß!
Wüßt´ich in
Eitlem Grabestraum
doch um das Ganze!

Fort! Fort!
Ach, Amors Seydenbettenwurm!

O paraidesesschlangenzarte
Gott-sey-bey-uns-Wanze!

Gryphius?
Oder doch nicht? (Achim v. H.)

Nun will sie sich endlich einmal mit den
bedeutendsten Schriftstellern befassen, mit
Hermann Hesse, Carl Spitteler, Elias Canetti
und Elfriede Jelinek. Anna Martha
Wainerwrught machte Ihren Vater zum
Thema eines Songs, sie sagt im Rückblick
über Ihre Eltern: "wir waren schließlich
nicht die Familie Von Trapp! Aber die
Probleme, die ich mit meiner Mutter und
meinem Dad habe, sind wahrscheinlich bei
Weitem nicht so groß wie die meiner
Freunde und deren Eltern – weil wir keine
Geheimnisse voreinander haben." Ich hatte
immer Geheimnisse. Ich kann mir sowieso
gar nicht vorstellen keine Geheimnisse, und
kein eigenes Leben zu haben. Ich finde
Privatheit wichtig! Aber in der Liebe sollte
man sich natürlich vertrauen. "This is not
amerika!" David Bowie liebe ich sehr. Die
Radioberieselung aus dem Hof tut mir gut.

Unkorrigiertes Lesexemplar_Jeder Käufer erhält eine kostenlose Neuauflage,
auf Anfrage, bei ZÜP-Company Edition, A-2041 Wullersdorf 41.

Hier aber hier zählen die Frauenbegegnungen. Diese Situation, jetzt, hier im Gefängnis, sie ist ja sowieso schlechter als in einem richtigem Spielfilm. Alles ist zu ungeheuerlich und so unglaublich schlecht. Aber ich bin schnell prominent geworden, als einzige Deutsche und „schön" finden mich alle. Das ist Öl für meine Haut. Fühle mich, zurückversetzt, mindestens um fünfzig Jahre Weltgeschehen, wenn nicht sogar um hundert. Wie werden sie sich verhalten, was wird mein Stiefvater dazu sagen? Wie meine Ex-Freunde und Geliebten reagieren? Macht es mich spannend? Werden sie neugierig, was sich alles hinter mir versteckt? Aber ich bin gut. Mit Kriminellen möchte ich gar nichts zu tun haben. Ich hasse es, wenn man mich mit ihnen in einen Topf wirft. Ich mag auch kein schlechtes Gerede über mich. Ich finde das wirklich fürchterlich. Was mich interessiert sind eben all die unschuldigen Gefangenen, all denen welchen das Leben so schlecht mitgespielt hat. Und natürlich die politischen Häftlinge und die Rebellen. Hier ist alles so, als wäre man wirklich in eine Zeitmaschine gesteckt worden, retour. Alle werden jetzt irgendwie getestet werden. Die Wahrheit über Freundschaft und Zuneigung kommt jetzt ans Licht. So, wie sich meine Freundin, die Gitti bereits als echte Freundin erweist! So tolle Post! Am Meisten schreibt mir im Moment aber Sonja. Auch von Alexandra und Ulla bekomme ich sehr liebe Briefe. Die Normann's halten ebenfalls richtig zu mir. "Das Mädchen aus dem Song", ich lese es bereits seit zwei Tagen diese Buch haben es mir angetan. Ich werde ganz sentimental. Die Rolling Stones, die Beatles, Bob Dylan und Suze Rotolo; Paul McCartney und Elton John, The Velvet Underground und Pink Floyd, die Musik meiner Jugend. Lieder und Songs die mein Herz bewegen. Die Suche nach der großen und einzigen Liebe. Weine nicht. Bitte ich will das nicht. Was macht Deine Stimmung? Bitte, ich möchte nicht, dass Du traurig bist. Hast Du schon genug vom Gefängnis, stimmt's!? Bald ist es vorbei, Du wirst sehen. Irgendwann haben auch die ganz schlimmen Erlebnisse ein Ende. Später musste ich feststellen. Das dies nicht stimmt. Es ist wie ein Geruch, den man nie mehr los wird. Es haftet und geht *nicht weg. Wenn man lustig ist vergeht die Zeit schneller. Gleich werden wir spazieren gehen. Ich werde aber hier bleiben, um Dir zu schreiben und Luftküsse schicken zu können. Ich liebe Dich, Du wirst sehen, unsere Zukunft wird sehr schön. Schreibt mein Brieffreund. Werden wir uns einmal wiedersehen? Marianne Faithfull schreibt dazu auf Seit 21 ihres poetischen Buchs, " Wenn man ein gutes Gefühl hatte, machte es man einfach; es wäre die reinste Heuchelei gewesen, nicht mit jemandem zu schlafen, nur weil er oder sie mit jemand anderem zusammen war." Das kenne ich, dieses Gefühl von Unverbindlichkeit in der Liebe. Sex ist eine Laune des Augenblickes und es verpflichtet weder, noch bringt es andere Verhältnisse durcheinander. Es ist schön, aber nicht so wichtig. Man macht es einfach aus einer Stimmung und einer Laune heraus. Aber ich verbiete mir diese Auswüchse der Erotik. Ich habe natürlich Rapunzel dabei im Kopf und Dornröschen. Die Prinzessin, die warten kann auf den einen, den einzigen und den richtigen, diese Prinzessin möchte ich natürlich gerne sein. Man macht nicht, was man Lust hat und ist nicht irre aufgedreht*

und hypersexy auf die Jungs erst recht
nicht, wenn man angeklagt wird. Ein, zwei
Wärter schauen auch noch zu und sind auch
noch elektrisiert, so etwas Verbotenes und
Verrücktes zu tun, soweit käme es noch.
Aber es ist süß und sehr sexy, solche
Spielereien im Kopf zu haben, weil wir alle
so irre ausgehungert sind nach Liebe und so
sehr bestraft, weil eingesperrt. Diese
Phantasie ist mir eine der liebsten
geworden. Dieser Brief von Valerie hat mich
im Hof erreicht, heute früh! Suzanne hat
immer Sex mit einem Wärter in der
Schleuse. Ich aber habe Sehnsucht nach den
Küssen von Zsolt aus Budapest, obwohl ich
davon träume Felix zu heiraten und nun
diese Liebesbriefe hier, mit immer mehr
Herzklopfen, fast täglich erhalte. Haben wir
uns zwar nur einmal geliebt, so ist er doch
tief in meinem Herzen gelandet. Wie sicher
er war, dass ich ihn mit offenen Armen
empfangen werde. Er hat meine erotische
Zuneigung zu ihm sofort gespürt. Was ist los
bei ihm? Wen liebt er? Was macht sein Herz
und wie sind sein Gefühle? Will er mit mir
einen Film machen? Denkt er an mich? Geht
er viel spazieren? Liebt er mich ein wenig?

„You told me again ...you prefered. Some men! But for me you would make an exception." Heute ganz liebe und sehr lange Briefe aus Arad erhalten! Sehne mich so sehr nach Literatur. Klassische und alte habe ich am liebsten. Die griechischen Tragödien, die machen mich stark. Ob draußen noch ein Paket auf mich wartet. Habe die Sorge, ob es meinem Vater gelingt eine Verteidigung für mich aufzubauen? Nun schwimme ich wirklich in einem großen Chaos an Emotionen. Wenn ich zurückdenke, dann ist alles wirr. Habe meinem Anwalt alles bis ins Detail genau erklärt und geschrieben. Diese Briefe sind wirklich eine große Beichte. Ob ich das jemals jemanden lesen lassen werde? Ob er sie aus der Hand gibt?Am Meisten freue ich mich über Gitti und das sie sich als so tolle Freundin entwickelt. So ein nett zusammengestelltes Paket. Mit ganz viel Neskaffee kam hier an und so viele richtige ganzen Tafeln Schokolade, die den Aufenthalt in den letzten Wochen so versüßt hat. Ich, lerne zu horten und zu sparen, obwohl ich auch gerne mit vollen Händen austeile und verschenke! Regenwetter. Udo Lindenberg

und Nina Hagen singen; "Romeo und Julia".
Bin aber auch sehr neugierig, wie sich
nächste Woche alles entwickeln wird. Ob ich
am kommenden Wochenende noch hier sein
werde? Lieber wäre es mir natürlich, dann
schon "frei" zu sein und in Zürich. Gleich
frei gelassen zu werden, auf Kaution, direkt
nach der Abschiebung, davon träume ich.
Aber eventuell lerne ich auch noch die
anderen Gefängnismauern von innen zu
betrachten. Dort soll alles viel toller, besser
und fortschrittlicher sein. (Später musste sie
feststellen, dass aber der viel Beton und die
modernere Ausstattung viel weniger Raum
zum Atmen lassen. Nur das man natürlich
eine viel besser Disziplin gelernt hat und
sich dadurch dann auch besser fügen und
benehmen konnte war sofort zu spüren. So
z.B. der Umgang mit Wärtern. Wie man sich
zu bewegen hat, wo man stehen und gehen
durfte. Das hatte sie tief im Blut und
dadurch hatte sie gleich das Wohlwollen der
Wärterinnen auf ihrer Seite.) Die
Wirklichkeit einer niederen Dimension, wird
durch eine Höhere nicht aufgehoben,
sondern nur relativiert. Schau nicht traurig,
mein Herz ist bei Dir. Einmal möchte ich Dir

meine Heimat zeigen. Einmal möchte ich,
dass Du bitte mit mir kommst. Du hast einen
schönen Gang und so eine tolle Haltung,
bitte lächle. Heute ist das Wetter schön. Ich
wünsche Dir einen schönen Tag, bis
morgen, Küsse, Dein Valerie. Drüben, sind
zehn Personen in einer Zelle wird berichtet.
Kino soll es auch geben. Das hat nicht
gestimmt, stattdessen Luxuszellen mit
Fernsehen, wenn man es sich leisten
konnte. Soll ich schweigend beginnen, wenn
ich vor dem Richter stehe? Oder so: „Ich bin
Katholikin, ich bete um ein gutes Urteil. Ich
bitte das Gericht, mir eine Chance zur
Wiedergutmachung meiner Schuld zu geben.
Dazu brauche ich meine Freiheit und die
Möglichkeit wieder arbeiten zu können. Bitte
geben sie mir keine Gefängnisstrafe!"
Unglaublich, was ich alles für Phantasien
entwickeln kann, wieder arbeiten zu können
und wie viel Geld, wirklich viel Geld, ich
verdienen könnte, das male ich mir aus.
Keine Wurstfabrik, aber eine Kleider- und
Modeindustrie schwebt mir vor. Die Träume
sollen wahr werden. So viele Fragen. Wenn
man in einen Hungerstreik tritt, wie lange
braucht man zum Sterben? Ich denke wieder

am meine *Freundin Gitti in Arad und Ihre
Arbeit beim Rundfunk. Wie sie sich
durchbeißt um ihre zwei Mädchen
großzuziehen und ihnen alles bieten zu
können, was man so braucht. Die morgige
Wirklichkeit holt sie ein: „Anwältin,
Staatsanwalt, Richter, ein Dolmetscher und
eine Tipse. Ein Stuhl, in der Mitte! Werde
ich alles richtig machen? Soll ich mich
ausliefern lassen? Was habe ich für eine
Wahl und was für Möglichkeiten? Streik?
Hungerstreik? Danach, leere und Angst.
Unsicherheit und Panik. Mein Puls geht
schneller!" Ich fühle mich so vieler Dinge
beschuldigt. Schuldig, nicht auf mich
aufgepasst zu haben. Keine
Vorsichtmaßnahmen und Regelungen
getroffen zu haben. Nicht gekämpft zu
haben. Keine klare Position bezogen zu
haben. Nicht kleine Schritte unternommen
zu haben, um mich zu retten. Was wird alles
auf mich zukommen? Was ist mit meiner
Liebe und einem Leben in Prag, oder eine
Ehe mit wem? Will er vielleicht doch mehr?
Wie er mir gefallen hat! Was ich für ein
Bauchkribbeln spüre, wenn ich an ihn denke.
Wann bekomme ich wieder Post von ihm?*

*Jeden Tag habe ich jetzt Post von Dir und
Du bekommst immer auch zwei-drei
Brieflein, stimmst. Gut funktioniert unsere
heimliche Luftpost! Tausend Luftküsse, Dein
Valerie. Wer wird mir nächste Woche
überhaupt alles schreiben? Post! Das
Warten auf Post ist eines der wichtigsten
Momente hier, im Zellenleben." Post, das
freut mich ganz besonders! Post von all
meinen Freunden. Die sind alle treu und
halten zu mir! Das ist toll! Hätte nie gedacht
so gute Freunde zu haben. Danke Gitti, Du
bist wirklich eine tolle Freundin, danke,
danke, danke. Wenn ich aus diesem Teil
meiner Geschichte einen Film machen
müsste, dann wäre das ein Songtitel. Danke,
danke für die Schokolade in den Knast.
Danke Anuschka, für die Schokolade, Du
bist lieb, Du teilst sogar Deine Geschenke.
Ich hatte keine Schokolade für sechs
Monate. Das ist wie ein Fest, Du bist sehr
lieb. Dein Valerie .„The clouds will be a
daisy chain, so let me see you smile
again..." Sehr mag ich zwar Songs wie,
Danke, danke für die Blumen von der Tanke
von der Barbara Schöneberger, aber auch
das; „Ich will keine Schokolade, ich will*

Unkorrigiertes Lesexemplar_Jeder Käufer erhält eine kostenlose Neuauflage,
auf Anfrage, bei ZÜP-Company Edition, A-2041 Wullersdorf 41.

einen Mann, ..." von diesen Blue Velvet
Jungs, deren Konzerte ich so sehr mag.
Danke, danke Gitti, für die Schokolade, den
Kaffee und das Shampoo in den Knast.
Danke, Deine Pakete waren immer die
wundervollsten. Immer eine neue Lektüre
und immer Schokolade und Kaffee. Danke,
Danke für das Horten lernen und die Menge
an Schokolade, die mir viele Wochen
versüßt haben, die ich teilen konnte und mir
wie Gold vorkamen, danke Gitti, ich werde
mich immer daran erinnern. Nun habe ich
aber Angst, Angst vor der Abschiebung und
das Wissen, das ich dann wieder ohne Hab
und Gut dastehen werde. Man wird mir
wieder alles wegnehmen. Die ersten Tage
ohne Pakete im neuen Gefängnis, ohne Post,
die werden wieder die kältesten sein. Ohne
Schokolade und Lektüre im Gefängnis, aber
danke Gitti, "Danke, danke für die
Schokoladen in den Knast". Nun betrachten
wir einmal die Realitäten. Jetzt könnte ich
eine Mediation gebrauchen. Lieber Gott, hilf
mir bitte, ich drehe durch ohne Deinen
Segen. Keine Messe, kein Pfarrer. Jetzt
habe ich schon wochenlang darum gebetet.
Wann ich endlich einen Priester zu sehen

*bekomme. Ich will beichten. Ich brauche
eine Erlösung. Fühle mich für so irre viele
Dinge belastet und so gemein angeklagt.
Bitte lieber Gott, mach dass ich bald beim
Priester einen Beichttermin bekomme.
Anuschka: „Morgen ist mein Prozess hier,
hoffe dann bald nach Zürich transportiert zu
werden. Werde meine Bücher der Bibliothek
hier stiften, oder mitnehmen, ich weiß es
noch nicht. Es gibt keine deutschen Bücher.
Das werden die ersten sein. Also lasse ich
einige da und andere nicht!" Im Angesicht
des Feindes, der Vorleser: „Mein Herz so
weiß." Kein deutschsprachiger Mensch soll
hier je wieder eine solche langweilige und
schwierige Anfangszeit haben, wie ich!
Hoffe sie lassen die Bücher auch im Bestand
und geben sie nicht weg. „Man spürt immer
noch diese Feindlichkeit gegen alles
Deutsche." Endlich holt mich ein Pfarrer ab.
Es ist der einzige Mann, mit dem man einmal
ungestört und unbeobachtet länger in einem
Raum ist. Ich bin nervös, habe Sorge und
Angst genötigt, oder sogar vergewaltigt zu
werden. Irgendwie scheinen mir diese
Geschichten aber auch so ungeheuerlich,
eben einfach konstruiert, damit man nicht*

mitgeht mit ihm. Spüre meine große Neigung immer das zu tun und zu denken, was nicht der Mehrheit entspricht. Er wird angeprangert, wie der Teufel. Keiner ist hier ein praktizierender Christ. Sitzt noch der Sozialismus hier in den Mauern. Geschichtswissen und genaue Informationen über die Vergangenheit ist hier auch für das Durchkommen entscheidend. Nun, ist so viel Zeit vergangen, nun will ich auch mit ihm sprechen. Er nimmt mich bei der Hand, wir gehen ewig lange Gänge entlang. Dann werden Türen aufgeschlossen und plötzlich sind wir in einem Trakt, der sich total vom den für Häftlinge unterscheidet. Wir sind in einem Zimmer alleine. Fast eine Stunde. Ich sprudle alles aus mir heraus, was mir wichtig ist und was ich im Kopf habe. Später habe ich nie mehr von ihm gehört! Ein Mädchen aus unserer Zelle, erzählt uns gerade, wie schlimm Ihre Mutter ist und war. Sie heult sich richtig aus. Wir halten es kaum aus und haben alle eigentlich gar keine Lust Ihre Seelentröster zu sein. Uns ist sie sehr anstrengend. Andererseits ist sie auch etwas sympathisch, wie sie so beginnt darüber nachzudenken, warum sie hier gelandet ist. Aber das ihre Mutter schuld sein soll. Das mögen wir nicht. Wie lange wirst Du noch hier sein, hast Du eine Idee, weißt Du schon etwas? Ich wollte noch erzählen, wie meine Beichte zu Ende ging. Große Hoffnungen habe ich in ihn gesetzt und darin, dass er mir hilft Unterstützung zu bekommen und von all den wichtigen Menschen die ich kenne. Ganz persönliche Sachen und Traumata, habe ich berichtet. Aber auch das so schlecht über ihn gesprochen wird. Er hat mich nicht angerührt, aber mir auch nicht geholfen. Er hat gar nichts für mich getan. Hätte ich mich anbieten müssen? Nun, jedenfalls war es ein Highlight meiner Tage und eine enorme Abwechslung und Aufregung! Meine Freundin Sabrina trifft mich mitten ins Herz. Sie schreibt mir von einem Telefonat mit meiner Mutter. Diese ist sehr traurig und sehr deprimiert. Sabrina meint, sie wäre kaum zu trösten. Es tut mir leid, wie schön wäre es, wenn sie zu Besuch käme, dann könnte ich sie sicher trösten. Mir geht es hier nämlich jetzt ganz gut. Fühle mich stabil und erwachsen. Habe nicht einmal so große Angst vor einer langen Gefängnisstrafe. Die

soziale Sicherheit und das Versorgt sein,
sind nicht schlecht. Das gibt mir ein Gefühl
von Geborgenheit verwandelt sich in eine
kindliche Sicherheit. Draußen habe ich das
nicht. Der Kampf um das tägliche Überleben
ist zu groß. Ich schwimme da draußen nicht
nur in einem Haifischbecken, wie man so
sagt, sondern fühle mich oft sehr verlassen
und einsam. Das Leben außerhalb der Zelle
ist einfach viel härter. Mein Tempo, welches
ich immer zulege ist aber wohl mein
Hauptproblem. Bin fast ein „Nerd" im
Internet geworden. Du machst mir wirklich
Angst und Sorge. Wie komme ich jetzt
darauf? Lese den Roman von Henning
Mankell „Die weiße Löwin". Was ist, wenn
man verschwindet. Ich komme mir auch so
verschwunden vor. Träumte heute Nacht
davon zu heiraten. Aber vorher habe ich
selbst aus mir eine Ritterin gemacht und
mich zum Adel geschlagen. Ganz simpel mit
einem Plastikschwert. Ein komischer Traum.
Vom meinem Ex-Freund, dem
Gartenarchitekten geträumt. Habe im Traum
unsere Wohnung wieder betreten dürfen. Es
war schön. Ich habe das Zusammenleben in
Prag mit ihm wirklich geliebt. Dann, als ich

aufgewacht bin, war es noch da, dieses
Gefühl einen lieben Menschen geliebt zu
haben. Mir ist ganz warm ums Herz. Was
heute auf mich zukommt. Frühlingswetter.
Ständig wechselnde Stimmungen. Von wem
ich heute Post bekommen werde? Bin fertig
mit dem Strindberg. Brauche dringend
wieder Literatur. Theaterleben ist doch sehr
anstrengend. Immer diese neuen
Engagements und dann wieder neue Städte,
neue Mitspieler und Kollegen. Das Theater
fordert viel. Bin ich froh, dass ich keine
Schauspielerin geworden bin. Obwohl
Rollenwechsel und so verschieden Leben zu
erleben auch mein Thema ist. Schreibe
Briefe, in Massen. Versuche alle Freunde zu
aktivieren und alle Kräfte zu mobilisieren.
Hole mir von überall Hilfe. Erzähle jedem
mein Leid. Habe Gott sei Dank ein sehr
volles Adressbuch. „Protection". Der Name
der Rose von Umberto Eco, über ein
verschollenes Lachen. Der Teufel ist die
Anmaßung des Geistes. Ich tauche ein, in
die Welt der Benedektiner Mönche. Und
fühle mich recht glücklich. Wieder gutes
Wetter. Viel Wind. Nathalie erzählt uns ihre
Geschichte. Ich werde traurig. Die Tage

ziehen jetzt rasend schnell vorbei. Alles
dreht sich immer schneller. Ich schreibe und
schreibe und habe Gott sei Dank auch genug
Briefmarken. Manchmal muss ich haushalten
und mir überlegen, an wen ich die aktuellen
Briefe zuerst abschicke. Aber dann werden
sie nur dicker und länger, wenn sie länger
bei mir liegen. Meine Briefe. Bin ängstlich,
unruhig und nervös! Hier fehlen mehrere
Seiten, die sind unleserlich und zerknüllt!
Große Verzweiflung macht sich in meinem
Herzen breit! Figuren des Romans. Wie
gerne hätte ich einmal einen Hund! Und
einige Reisen muss ich machen: Mit der
Transsibirischen Eisenbahn möchte ich
einmal bis Wladiwostok fahren und retour.
Und dann natürlich die Chinesische Mauer
sehen und auf der alten Seidenstraße
unterwegs sein, aber solange in China noch
mehr als 3000 Menschen jährlich zu Tode
gerichtet werden, darf man dort kein Geld
lassen und sollte einen Bogen machen.
Mittlerweile gibt es sicher über 15 Länder
auf der Welt wo es gefährlich ist, als Christ
hinzureisen. Also bleibe ich bei meinen
Büchern und dem Internet und reise virtuell,
sicher von zu Hause aus. Timbuktu und in

die Südsee, genauso wie Kanada und Irland sind interessant. Grönland lockt mich auch und selber zu fliegen. Wie gerne hätte ich damals auf Mallorca meinen Pilotenschein gemacht. Ist die Idee gut? Fliegen ist auch gefährlich, es gibt viele Todesfälle. Mein Traumtagebuch hält mich ganz schön auf Trab. Es belastet mich, was ich alles so träume. Aber es fühlt sich auch etwas so an, als wenn ich meine Vergangenheit verarbeite. Also, wie war das Boot fahren und Rudern gehen, in meiner Kindheit? Das hatte ich heute zum Thema. Den Traum ein Versteck zu bauen, mitten unter einer recht öffentlichen aber sehr romantischen Brücke, haben wir nie realisiert. Ein Geheimversteck für uns Mädchen, das wäre schön gewesen. Heute läuft: Buddenbrooks; Regie: Heinrich Breloer. Mit: Armin Mueller-Stahl, Iris Berben, Jessica Schwarz, Mark Waschke und August Diehl. BRD 2008. Fünf Freundinnen, die Abenteuer erleben wollen. Und von einem eigenen Hund träumen. Einem Gefährten. Ständig haben wir all die bekannten Jugendbücher gelesen, von Tim und Struppi, Hanni und Nanni und natürlich den fünf Freunden. Welche Ideen gab es

Unkorrigiertes Lesexemplar_Jeder Käufer erhält eine kostenlose Neuauflage, auf Anfrage, bei ZÜP-Company Edition, A-2041 Wullersdorf 41.

noch? *Was wird passieren? Jetzt bleib mal
auf dem Teppich und schweife nicht immer
ab! Ein Hund hier? Auf dem Flur, hab ich
einen gehört? Das kann nicht sein?
Wirklichkeit, Traum, Visionen und Fiktion
beginnen sich zu vermischen. Werde ich
verrückt? Muss ich fliehen? Ja, langsam
drehe ich durch. Ich entwickle eine Fata
Morgana. Ich erfinde wieder Fluchtträume.
Über die Dächer. Ein Sprung ins Tiefe und
dann ab die Post. "Der Tote Tag" von Ernst
Barlach. Post von meinem Vater, die mich
wirklich sehr traurig macht. Interessant, das
ich mich hier im Zellenleben so geborgen
und so gut aufgehoben fühle. Das liegt
bestimmt an den vier super netten Mädchen,
mit denen ich hier zusammen lebe. Deren
Geschichten, die gehören auch erzählt.
Dieser genaue Rhythmus hier und die vielen
Regeln, die geben mir ein Korsett, in dem
ich mich recht gut bewegen kann. Und so
viel Zeit zum Arbeiten, zum Schreiben. Habe
ein Buch begonnen mit kleinen Erzählungen.
Es geht dabei um die Orte meines Lebens.
Im Moment bin ich in New York und
berichte, was mir dort alles so passiert ist.
Eine große ungeheuerliche Stadt, in der man*

wirklich täglich sehr viel erlebt, wenn man sich frei und ungezwungen bewegt und neugierig und mutig! Ein Kind verirrt sich im Dschungel der Großstadt und braucht ewig, bis es wieder nach Hause findet. Kein Problem, kein Ärger, niemand hat sie vermisst. Sie darf sich alleine und sehr frei bewegen, sie ist noch keine acht Jahre alt. Mitten in der Woche. Die Wochentage verschwimmen, aber die Sonne scheint warm und sehr hell. „Darling, where are you, I miss you! Milan. Mein Milan, danke, wieder ein Zettelchen von Dir, beim Hofgang. Habe es bereits irre vermisst! Alles hat hier seine Ordnung. Auch die Liebe. Die Jungs sind ziemlich treu und konstant in Ihren Zuneigungsbeweisen. Ich habe eine Vision. Denke mir aus, dass das hier alles nur ein Film ist und wir am Abend ins Hotel gehen. Da alle so nervös sind vom Haftleben, in das sie sich hineinversetzen müssen tagsüber, während gedreht wird, sind wir dann abends recht ausgelassen! Gerät abends alles ziemlich außer Kontrolle machen wir prinzipiell um 24.00 Uhr Sperrstunde, Licht aus und eine Ruheanordnung. Das ist eines meiner

Lieblingsphantasien. *Es ist kaum zu glauben,
wie einem die Enge der Zelle nach einigen
Monaten auf die Nerven geht! Also ich habe
das Buch Quergelesen und sofort begonnen
eine Liste zu machen und einen Plan. Soll
ich mit der Scientology Kirche zuwenden?
Das Buch zu dem ich Kommentare und
Aufsätze schreiben soll heißt, „Arbeit"! Was
mir Arbeit bedeutet? Kaum zu glauben, ein
Freund aus Zürich schreibt mir, dass ich
mein Schicksal absitzen muss. Das ich
sicher schuldig bin und halt dazu stehen
muss. Er wünscht mir eine gute Bekehrung
und eine besinnliche Zeit der Einkehr und
Stille. Wie gerne ich arbeite. Mein Dasein
hier empfinde ich auch als Job. Und ich
schreibe fast mehr als dreizehn Stunden
täglich. Soviel könnte man in einem anderen
Leben ja gar nicht schaffen. Aber ich habe
ja auch wirklich gar nichts zu tun, außer zu
schreiben. Also, ist das mein Job. Wenn ich
nur endlich eine ganz richtig und normale
Arbeit hätte, eine Festanstellung, ein
regelmäßiges Gehalt. Frauenarmut ohne
Verdienst, das bringt einen um! Ein
Rückblick in meine Vergangenheit, meine
Liebe zu Italien, gestern und heute. Träume*

schon immer von einem Leben in Italien. Ich liebe die Kunst und das Lebensgefühl dort. Aber auch den Lebensstil und eben das gute Leben. Else Lasker-Schüler begleitet mich in diesen Tagen. Das hat sie schon früher. Ich liebe Ihr gesamtes Werk. Meine Fragestellung in der letzten Woche war, was mache ich falsch um eine Arbeit zu finden und zu halten. Warum behalte ich nie lange eine Stellung? Da sich das nicht nur auf mein Berufsleben bezieht, sondern auch auf meine familiäre Situation und auf mein Privatleben, möchte ich herausfinden, was ich falsch mache. Da ich in Bezug auf meinen Glauben an die katholische Kirche gerade eine sehr große Fragestellung erlebe, habe ich mich der Scientology Kirche zugewandt in der Hoffnung dort Lösungen und Antworten für meine Themen zu finde. Heute Nacht geträumt, ich bin in einer Kirche, die abbrennt. Die Türen waren von außen verriegelt. Keiner konnte hinaus, wir sind fast alle verbrannt und beinahe gestorben, bis wie durch ein Wunder der Brand von einem Gewitter gelöscht wurde. Es gab über dreihundert Tote. Ich habe überlebt und geholfen die Leichen zu

vergraben.
Alle Erinnerungen holen mich immer wieder
ein.
Ein Horror, aber zurück, zu meinem Thema.
So interessiert es mich zum Beispiel dafür,
in einer Gemeinschaft von Menschen zu
erleben, die sich und die Welt verbessern
wollen. Dass das Gute siegt und siegen
kann, wenn es sich aufmacht, das Böse zu
begreifen und zu schwächen, daran glaube
ich. Der Traum wird wahr. Ich erinnere mich
an einen Film, in dem waren Juden so
eingesperrt, in England, aber es hat keiner
überlebt. Dir ist es gelungen, Du lebst in
Berlin! Gratuliere. So hat es doch noch
geklappt und Du konntest in den Westen.
Super, ich freue mich für Dich. Schreib mir,
ja, ich freue mich auf eine Antwort. Gott hat
kein Gewitter geschickt. Das war mein
Traum. Ich hoffe aber, dass ich diese
Hoffnung niemals aufgeben muss. Und das
Gute wirklich siegt, eben im Kampf gegen
das Böse. Wie schwer mein Herz ist!
Nachtwachen! Bonaventura macht mich sehr
nachdenklich. Ich komme immer wieder auf
verschieden Tollheiten. Schreibe die
süßesten Liebesbriefe. Bin so verliebt. Alle

Unkorrigiertes Lesexemplar_Jeder Käufer erhält eine kostenlose Neuauflage,
auf Anfrage, bei ZÜP-Company Edition, A-2041 Wullersdorf 41.

anderen Verehrer können mir wirklich
gestohlen bleiben. Sein Foto drück ich an
mein Herz. Jede Nacht vorm Einschlafen
küsse ich es und träume, träume dass er
mein wirklicher Geliebter wird. Der geliebte
Mann meines Lebens. Sein Briefe sind mir
das Liebste und das Heiligste, was ich hier
besitze! Von Tag zu Tag wird meine Laune
schlechter. Alles geht mir hier auf die
Nerven! Es ist so eng, so eng hier. Die
Zellen sie geben jedem nicht einmal zwei
Quadratmeter Platz. Ich drehe durch! Da
muss man ja Klaustrophobie bekommen.
Heute scheint die Sonne! Denke immer
wieder an Mutter Courage. Frauen können
wirklich stark sein. Als meine erste
Herangehensweise war es herauszufinden,
wie ich mir eine berufliche Zukunft
erträumen würde. Also was sind meine
Träume heute? Ich will hier raus! Freiheit!
Frei sein, ich will nur noch frei sein.
Gefängnis, das ist doch wirklich eine
Sackgasse. Endstation Sehnsucht! Die
Antwort ist eigentlich neu und doch alt. Also
ich würde gerne in die Lehre und Forschung
gehen können und universitär einen Fuß
hineinbekommen in das Getriebe derer, die

denkend die Schüler von morgen dahin
bringen können sich besser zu entfalten und
weniger Fehler zu machen, als wir bzw.
meine Generation es noch getan hat.
Dahinter steht auch eine Genderthematik.
Als nächstes schaue ich wieder einmal auf
die Realität. Und dann bin ich wieder bei
Brecht und bei der Arbeit von Peter Zadek
am Deutschen Schauspielhaus. Ich bin
wirklich eine Zeitzeugin, dieser Zeit. Lulu
mit Susanne Lothar und Andi, und all die
Gastspiele. Reineke Fuchs von Bogdanov
und, und, und wie ich diese Zeit dort geliebt
haben. Minks und seine Bühnenbilder. Das
Ensemble und die Routine der täglichen
Abendvorstellungen. Die Stimmung im Haus
mit Paulus Manker und all den anderen wie
Uwe Bohm und die Heldinnen, die Frauen.
Heute Nacht war ich in der Kunstakademie
in Prag, wie wir hinten bei den Bildhauern
fotografiert haben und wie ich mich
entspannt habe, angelehnt an die Objekte
mit der Sonne zu schmusen. Mich unter dem
Auge der Kamera zu rekeln. Ich liebe es
Model zu stehen. „I am a model..., forever?"
Ich weiß Du träumst genauso von Flucht,
wie ich. Aber wir müssen hier durchhalten.

Unkorrigiertes Lesexemplar_Jeder Käufer erhält eine kostenlose Neuauflage,
auf Anfrage, bei ZÜP-Company Edition, A-2041 Wullersdorf 41.

*Mein Traum Dich zu heiraten ist das Beste.
Ich liebe Dich und freue mich so Dich
getroffen zu haben. Geh nicht weg ohne mir
weiter zu schreiben. Ich muss sicherlich
noch zwei Monate oder drei hier bleiben.
Bitte bleib meine Freundin, ja. Dein Valerie
P.S. ich bin sehr eifersüchtig, wegen dem
Jungen vom anderen Trakt, der immer sagt
wie schön Du bist! Also, in der Schweiz
habe ich eine sogenannte ruinierte Position.
Meine Karten auch schlecht. So ein schöner
Tag. Die Sonne scheint richtig in mein Herz.
Ich hatte sehr viel Aufmerksamkeit und
Scheinwerferlicht. Alle mögen mich. Wie
beliebt ich bin. Das ist wirklich erstaunlich.
Und dort ist das Niveau so hoch, dass ich
kaum mithalten kann, auf der Uni. Dann
blicke ich über meinen Tellerrand hinaus
und sehe Chancen. Nur diese gehören gut
vorbereitet. Und dann sehe ich mein
privates und familiäres Leben an und weiß
genau, dass ich meine Bindungen erhalten
will. Zurück zu den Grundlagen und Daten
aus „Probleme der Arbeit!" Franz Kafkas,
Prozess und Amerika sind die Werke die
gerade meinen Alltag füllen. Heute Nacht
habe ich dann davon geträumt, dass ich*

einen Wald durchqueren muss, ganz allein,
der fürchterlich wild und gefährlich ist. Zum
Schlafen suche ich mir immer einen großen
Laubhaufen und buddle mich ein. Ich
vermisse den Wald. Es wäre schön, wenn
ich mit dem Job als Dozentin beginnen
könnte. Auf dem Land zu leben. das wird mir
gefallen. Der Wald am Stadtrand, war ja
lange ein wichtiger Bestandteil meines
täglichen Lebens. Bäume, Natur, freie Tiere.
Ich möchte wieder frei sein. Ich fühle mich
im wahrsten Sinne des Wortes eingesperrt!
Der Zustand des Seins ist als das Ergebnis
davon definiert, eine Identität angenommen
zu haben. (Aber wer bin ich?) Zum Beispiel
den eigenen Namen, der eigene Beruf, die
eigenen körperlichen Merkmale. (Wie sind
meine?) Blaue Augen, braune Haare, ein
hübsches Lachen und sonst? Also wen gibt
es dann heute? Da benutze ich einmal das
ARK Dreieck: Eine Frau die, die Affinität hat
zu glauben sie könne die Sterne vom
Himmel holen. Eine erwachsene Frau, eine
abenteuerlustige Visionärin, die sich auch
als Kampagnenentwicklerin für die
Theaterszene sehen könnte und als
Propagandistin und Sprachrohr für

Menschen und deren Meinungen, die zu kurz
kommen. „Just yesterday morning they let
me know you where gone. Suzanne the
plans they made put an end to you! I dream
a dream!" Ich träume davon einen Förderer
zu finden, der es mir ermöglicht alle Bilder
meines Lebens zu malen und alle Geschichte
zu erzählen, die, welche ich bereits erlebt
habe und jene, welche ich noch erleben
werde!

Die ewige Frage nach der Identität, die
ständig verloren geht.

Zurück, wie finde ich mich, wer ich bin und
wer ich sein werde? Heute, an einem
Märztag, grau und ernst habe ich mir
vorgenommen einmal die Geschichte meiner
Ehe der schönen Seite zu betrachten. Nun
ist viel Zeit vergangen. Inzwischen ist die
Mauer gefallen. Japan ist fast
untergegangen und China wird immer
mächtiger. Und Du? Was machst Du? Was ist
aus Dir geworden. Magst Du, wenn ich über
Dich schreibe? Wenn ich berichte, wie
traurig und zugleich schön Du immer warst?
Schreib mir, es würde mich sehr freuen.

Unkorrigiertes Lesexemplar_Jeder Käufer erhält eine kostenlose Neuauflage,
auf Anfrage, bei ZUP-Company Edition, A-2041 Wullersdorf 41.

Mich mit anderen Rollen und Personen zu identifizieren, das hätte eigentlich auch eine gute Schauspielerin aus mir gemacht. Aber ich wollte ein größeres Leben.
„Liebesgeschichten, die gut ausgehen", von Isabel Allende, Doris Dörrie und anderen, die brauche ich immer wieder und an ein Happy End glauben zu können. Scheidung der Eltern das ist immer ein Drama, für jedes Kind. Ich habe es auch besonders schlimm empfunden. Wenn dem so ist, das ich damit auch noch heute meine Familie vor den Kopf stoße, dann tut mir das leid. Weil ich meiner Mutter ihre Liebe und ihre Ehe wirklich gönne und denke, dass sie sehr glücklich ist. Perspektiven, wie man etwas betrachtet und in welchen Zusammenhängen vergangene Ereignisse bewertet werden haben immer auch eine Bedeutung für das Heute. Daher möchte ich klug sein und niemanden verletzten und schon gar nicht die Zukunft meiner Kinder irgendwie negativ beeinflussen. Überhaupt habe ich nur noch meine Kinder und die Nachwelt im Kopf, wenn die Mutter meines Schatzes sagt, sie stirbt bald und wenn sie sich wünscht, das alles vorbei ist, dann denke ich, sie sieht gut

und glücklich aus. Was ist mit ihr? Warum ist sie müde vom Leben?Es bleibt immer ein Thema, wer war der blaue Reiter? Mut zur Wahrheit, bedeutet eben auch sich nicht zu scheuen vor der Kritik und den Gemeinheiten der Allgemeinheit. Dem hässlichen Gerede zum Beispiel. Ich liebe es, wenn ein zartes Band gesponnen wird, zwischen Ereignissen, Gedanken und dem Wollen und Träumen. Was das für schöne Namen sind: Isamu, Reiko, Goro, Nomi, Shidzue. Was ist das, ein japanische Identität? Denke immer an den Kimono, den meine Mutter getragen hat. Das muss doch eigentlich ein Geschenk meines Vaters gewesen sein. Die Bilder, das Wörterbuch und all die Pakete und Geschenke, wie ich sie mochte. Wie ich mich nach einem Leben mit ihm gesehnt habe. So gerne hätte ich meinen Vater begleitet, so gerne wäre ich bei ihm gewesen. Julie Shigekuni, die die Brücken der Sehnsucht geschrieben hat, berührt mich sehr. Ein neues Leben in San Francisco zu leben, als Japanerinnen. Das ist bestimmt schwer gewesen. Ich identifiziere mich immer mit den Kirschblüten und dem Sushi-Essen. Liebe

Unkorrigiertes Lesexemplar_Jeder Käufer erhält eine kostenlose Neuauflage, auf Anfrage, bei ZÜP-Company Edition, A-2041 Wullersdorf 41.

Suzanna Zuep, Du bist wieder zurück in Moldawien? Es scheint so, als wenn Dein Wunsch die Kluft zwischen Arm und Reich zu bewältigen und in den Westen zu kommen und dort ein eigenes Modegeschäft zu besitzen nicht gelungen ist. Bist Du jetzt reich? Lebst Du in einem schönen Haus, oder bist Du arm geblieben? Du bist so unglücklich gewesen, weil es Dir nicht gelungen ist, in den Westen zu kommen. Schon damals nicht. Es tut mir leid, das Dein Traum gestorben ist. Deine Anuschka, schick mir doch bitte ein paar Bilder, wie Du jetzt aussiehst, ja, für mein Buch. Vielleicht liebe ich daher den Frühling hier so sehr. Das Schreiben gehört zu meiner Lieblingsbeschäftigung. Daran gefällt mir alles. Das Layout zu machen und die Auswahl der Texte und Geschichten, die klassische Präsentation und die Qualität, eines Verlages sind mir wichtig. Jahre später, ich sitze über der Überarbeitung und in Erinnerung an meine Zeit im Gefängnis und was es heute aus mir gemacht hat, ein Häufchen Elend, welche immer wieder Angst davor hat wieder ins Gefängnis zu kommen. Ein neuer Tag, Franz Leslie

*arbeitet an den drei Beethoven Sonaten Nr.
1 A-Dur, Nr. 9 A-Dur und Nr. 10 G-Dur für
das Konzert am 17. Januar in der Münchner
Residenz im Max-Joseph Saal mit Andrea
Gajic. Katja schreibt und ich sitze nach
einem schönen Frühstück in dieser
kreativen Atmosphäre und denke an meine
Mädchen in Kirchdorf, die jetzt aus der
Kirche kommend glücklich mit der Gerlach-
Cousinage spielen. Zu mindestens hoffe ich
das. Ob sie im großen Haus sind, oder bei
den Großeltern? Dietrich Dörner, „Die Logik
des Misslingens", strategisches Denken in
komplexen Situationen. Das beschäftigt mich
immer und immer wieder.
Liebe Marietta Brown, na, hat es geklappt,
beim nächsten Mal? Ich freue mich für Dich,
das Du jetzt in Paris lebst. Bist Du
glücklich? Schreib mir doch ein paar Zeilen,
wie es Dir jetzt geht, Deine Anuschka. Liebe
Beatrice Bankmann, hast Du die große Liebe
gefunden? Bist Du glücklich? Was macht
Dein Leben jetzt aus? Hast Du eigene
Kinder, vielleicht ein schönes Haus? Erzähl
mir ein bisschen, was aus Dir geworden ist.
Es interessiert mich sehr. So viele Briefe
habe ich inzwischen geschrieben und so*

enorm viele Antworten bekommen. Wie das weitergehen wird, ob es mich ewig verfolgen wird, dieses Kapitel meines Lebens? Man soll eben keine Experimente machen. Es braucht immer eine Situationsanalyse, um eine Realität zu begreifen. Fern- und Nebenwirkungen dürfen nicht außer Acht gelassen werden. Negative Reaktionen werden falsch interpretiert und dann scheitert man an der Realität. War es schlimm. Hast Du danach wieder weitergemacht mit all Deiner kriminellen Energie? Oder bist Du in der Kreativ Wirtschaft gelandet? Ich stelle mir vor, dass Du fleißig und klug wie Du bist sicher Karriere gemacht hast, oder nicht? Schreib mir. Blume, Baum, Vogel. Heute kommt soviel Post. Es wird ein dicker Roman werden müssen, wenn ich alle Berichte hineinbekommen will. Und ein großartiger Film. Hab mich schon in eine Schauspielerin verguckt, die Irene Jakob, aus Frankreich, die wäre sehr geeignet für die Hauptrolle, hier in diesem Film und den Felix Dünnemann oder den Lars von Trier würde ich mir als Regisseur wünschen. Oder besser eine Frau? Rose-Marie Zeppelin,

*konntest Du Deine Unschuld beweisen? Was
ist aus Dir geworden, wie ging Deine
Geschichte nach der Abschiebung weiter?
Bitte schreib mir, ich mache gerade ein
Buch und würde gerne ein paar Zeilen zu
Dir und unserer Begegnung hinein-
schreiben. Bist Du damit einverstanden,
melde Dich! Oder doch besser eine Frau? Ja,
also das Frauenthema ist hier ja ein großes.
Es sollte ein wirklicher Frauenfilm werden.
Meiner? Soll ich selber Regie machen? Oh,
ich bin müde. Außerdem diese ewige Angst
wieder ins Gefängnis zu kommen. Die geht
nie weg. Die bleibt für immer. „Bist allein im
Leeren, glühst einsam, Herz, Grüß Dich am
Abgrund dunkle Blume, Schmerz. Reckt
seine Äste, der hohe Baum, Leid. Singt in
den Zweigen, Vogel, Ewigkeit. Blume,
Schmerz ist schweigsam, findet kein Wort,
der Baum wächst bin in die Wolken, und der
Vogel singt immerfort." Ich habe eine große
Affinität zu Landschaften. Die Liebe zu der
Ruhe in der Natur und dem Blick über die
Felder geprägt. Fontane ist auch einer
meiner liebsten Schriftsteller. Ich lese sie
immer und immer wieder seine Werke.
Besonders der Stechlin hat es mir angetan.*

*Die Herzenskonflikte und das Nachdenken,
sind alles nur Plaudereien und Dialoge, in
denen verschiedene Charaktere irgendwie
gemalt werden. Es gibt kaum eine
Geschichte, kaum eine Handlung und doch
so viel Poesie und Sprache und was alles
zwischen den Zeilen steht! Liebe Gisele
Anders, schade das Du nicht erst jetzt
geboren wurdest. Siehst Du, Europa hat sich
doch ziemlich gewandelt und viele Grenzen
sind gefallen. Ist das nicht schön? Schade,
dass Du soviel Ärger deswegen hattest.
Schreibst Du mir, wie es Dir ergangen ist, in
den letzten Jahren? Wenn man so z.B. Wand
an Wand wohnt, wie ein Häftling und den auf
der anderen Seite nur beim Hofgang sieht,
dann mag man das. Man klagt seine Not und
das reicht um sein Dasein als Figur in einem
Buch zu rechtfertigen. Im Theater ist das
anders, da braucht es den Widersacher!
Weiter in meiner Geschichte: Später wurde
ich zur Hochzeit von der älteren Schwester
Theodora mit dem Anton Fugger eingeladen.
Von damals gibt es bereits ein schönes Foto
von mir im Park und bei den
Sonnenblumenfeldern, ebenso Bilder wo
Konrad und ich an einem Tisch sitzen. Wir*

sind uns aber nur freundlich begegnet,
weiter nichts. Im Jahr x haben wir uns dann
auf einem großen Fest in Zürich wieder
getroffen. Damals bat ich ihn spontan, weil
er so verloren in der Gegend stand, ob er
nicht mein Tischherr sein möchte. Wir
saßen dann an einem Tisch, an dem uns
keiner kannte und wurden gefragt, ob wir
ein Ehepaar seien. Wir lachten, schauten
uns an und er meinte, was nicht ist kann ja
noch werden. Damit begann unsere
Romanze. Wilhelm Schmid steht in meinem
Regal zu der damaligen Zeit: was jeder
einzelne für das Leben auf dem Planeten tun
kann, „Ökologische Lebenskunst". Ich bin
begeistert. Wir haben eine neue
Lebenserwartung. Ich liebe offen Grenzen
und Beziehungen. Seit 1938 verleiht die
Stadt Zürich im Gedenken an Conrad
Ferdinand Meyer den Conrad-Ferdinand-
Meyer-Preis. Lese und lese, lese soviel ich
kann. Zum Glück senden mir meine Freunde
alles, was ich brauche um gut arbeiten zu
können und meinen Geist einzudecken. Hat
es geklappt mit Deiner Scheidung? Und was
ist aus den Kindern geworden? Hast Du
Dich frei und unabhängig machen können.

Bist Du glücklich geworden? Schreibst Du mir? Ich freue mich sehr von Dir zu hören. Die Unsterblichkeit wird zum Thema und das sich verewigen. Der imperativ lautet: Handle so, dass Du die Grundlagen Deiner eigenen Existenz nicht ruinierst. Dazu brauchen wir aber Analysen und Zusammenhänge.Die Binnenhandlung erzählt, dass der Mönch Astorre von seinem sterbenden Vater genötigt wird, sein Glaubensgelübde zu widerrufen und zu versprechen, Diana, die Frau seines gestorbenen Bruders, zu heiraten, da sonst die Familie nicht mehr weiter existieren könne. Diana verliebt sich zwar in Astorre, dieser erwidert ihre Liebe jedoch nicht. Astorre hadert erst mit seinem Schicksal, denn er sieht sich um sein Lebensziel betrogen, verliebt sich dann aber unerwartet in die schöne Antiope. Zur Bestürzung aller vermählt er sich mit dieser am Tag nach der Verlobung mit Diana. Der Vorfall gerät zum allgemeinen Skandal und mündet schließlich in einem dreifachen Mord: Diana rächt den an ihr begangenen Treuebruch und ermordet Antiope. Daraufhin ersticht Astorre den Bruder

*Dianas, seinen Jugendfreund Germano, und
wird schließlich selber vom Schwert des
Sterbenden tödlich getroffen. Also weiter,
was ist aus meinem Leben geworden? Wir
verbrachten einen sehr schönen Abend und
ich trennte mich mit dem Versprechen ihn
einmal im Sommer zu besuchen, meinen
zukünftigen Ehemann. Ich liebte den Blick
aus dem Fenster auf die Kastanie in seinem
Haus und hatte lauter schöne Gefühle und
Emotionen, wenn ich dort hinaus blickte.
Franz de Montaigne, Tagebuch einer Reise
nach Italien war damals meine Lektüre. Man
reist um sich frei zu machen. Das stimmt.
Ich reise schon lange immer von Prag nach
Zürich und dann über München wieder
zurück. Ich kenne ganz Deutschland und
ziemlich viel von Europa. Mit meinem Vater
war ich öfters in der Toskana. Die habe zu
lieben begonnen, seit wir unsere
Maturareise dorthin unternommen haben.
Florenz und die Uffizien sind fest eingeprägt
in mein Herz. Alle berühmten
Gemäldegalerien auf der Welt möchte ich
gerne einmal bereisen. Ich beschäftige mich
mit dem Bewältigen von Krisen und mit
Eduard Mörike. Mörike wurde zu Lebzeiten*

als bedeutendster deutscher Lyriker nach
Goethe bezeichnet. Trotz der späten
Ehrungen erkannten aber nur wenige seine
literarische Bedeutung. Jakob Burckhardt
gehörte zu ihnen, oder Theodor Storm und
Iwan Turgenew. Mörike galt lange Zeit als
ein typischer Vertreter des Biedermeier,
der die vertraute und enge Heimat besingt,
Georg Lukács tat ihn ab als einen der
„niedlichen Zwerge" unter den Dichtern des
19. Jahrhunderts. Heute erkennt man das
Abgründige in Mörikes Werk und die
Modernität seiner radikalen Weltflucht.
Gedichte (1838, erweitert 1848 und 1864).
Aus der Phase während des Vikariats, in der
er versuchte, als freier Schriftsteller zu
arbeiten, stammen u.a. „Die traurige
Krönung" (1828), „Septembermorgen" und
„Er ist's" (1829). Diese war von Mörike als
Einschub in seinen zweiten Roman geplant,
den er aber wegen privater Schwierigkeiten
(Trennung von Luise Rau, Verhaftung des
Bruders Karl) nicht fertigstellte, sondern
nur diesen Einschub beim Verleger
ablieferte. Die als Rückblick erzählte
Handlung der Novelle dreht sich um die
Begegnung eines Studenten mit einer

Kinderfreundin in seiner Geburtsstadt, die eines Mordes bezichtigt wird, und die er nach dem Erweis ihrer Unschuld heiratet. Auch hierin sind Anklänge an Maria Meyer zu finden. Ich identifiziere mich gerne mich solchen Figuren und ich mag es Parallelen zu entdecken, die beweisen, das mein Schicksal nicht so ungewöhnlich ist, sondern es viele fast identische Geschichten, gibt und gab und immer geben wird, wenn wir nicht lernen aus unserer Vergangenheit zu lernen und den Geschichten unserer Vorfahren zu lauschen. Ich lese weiter: Mozart auf der Reise nach Prag (Novelle, Erstveröffentlichung Juli und August 1855 im Morgenblatt für gebildete Stände Nr. 30– 33, selbständig als Buch dann 1856). "Die berühmteste Künstlernovelle des 19. Jahrhunderts". Nach 1856 entstanden keine großen Prosawerke mehr, und bis zu seinem Tode verfasste Mörike, abgesehen von wenigen Widmungs– und Gelegenheitsgedichten, kaum mehr Verse. Übersetzungen. Mörike war ein exzellenter Kenner der griechischen und römischen Poesie und veröffentlichte mehrere Übersetzungen. Er übersetzte unter anderem *Kallinos, Tyrtaios, Theognis* und einige *Homerische Hymnen. Immer noch suche ich nach einem guten Thema für meine Promotion. "Krise als Chance" von Kurt Tepperwein. Die Abschiebehaft war schlimm für Dich, weil all Deine Träume damit kaputt gegangen sind. Stimmt's ? Du hast mir so leid getan. Und jetzt? Du bist ja in Deiner Heimat geblieben? Wie hat sich dort alles entwickelt, wolltest Du nie wieder weg? Erzähl mir etwas. Ich freue mich von Dir zu hören. Jetzt passiert etwas Neues und sehr unangenehmes. Da ich neuerdings auch immer Sorge habe, mich bringt jemand in die Psychiatrie, oder lässt mich einweisen und wie selber die Erfahrung gemacht habe. Wie es ist abtransportiert zu werden. Vollgepumpt mit Tabletten aufzuwachen in dem Bewusstsein, das man nichts mehr machen kann, als sein Schicksal anzunehmen. Das man Ruhe braucht und die Schlafmittel einem helfen zu schlafen und die Schmerzen weniger stark zu erleben. Verspüre neuerdings immer und immer öfter die Sehnsucht nach dem ewigen Schlaf. Der Sprung ins kalte Wasser. Der Maler Nolten (1832). Ein Roman, in dessen von Intrigen*

bestimmter Handlung Mörike seine eigenen
Verstrickungen verarbeitet, so z.B. seine
Begegnung mit Maria Meyer (Peregrina) in
der Figur der Elisabeth. Darin enthalten ist
das Puppenspiel „Der letzte König von
Orplid". Von 1853 bis zu seinem Tod
arbeitete Mörike an einer zweiten Fassung,
die mehr dem Realismus als der Romantik
zuzuschreiben ist und als fast beendetes
Fragment postum 1877 erschien. Nolten gilt
mit seiner Handlung als einer der düstersten
deutschen Romane. Insbesondere durch
seine kapitellose, komplizierte Struktur tut
sich die Interpretation schwer, Licht in sein
Dunkel zu bringen. Dramatik als Aspekt von
Gliederung und Verstrickung. Mir gefällt das
. Es spricht mich an. Der ist mir gelungen,
mit dieser Verlobung. Wer bin ich? Wo ist
mein Selbstvertrauen geblieben. Ich
jongliere. I phantasiere. Ich versuche einen
Kindheitstraum wahr werden zu lassen,
ohne genau hinzusehen. Da ich nach diesem
ersten Weihnachtsfest in der Familie, blieb
uns nur das Briefe schreiben. Dazugehören
wollen und Anerkennung haben, als Ehefrau,
als ein Teil der Gesellschaft. Dafür muss
man eben mitmachen, aber kann ich das? Ich

liebe doch die Opposition. Und das Theater.
Theater ist für mich Verallgemeinerung.
Daher will ich immer weg von mir. Suche
mir andere Menschen, andere Geschichten,
andere Landschaften. Ein Szenenwechsel ist
wichtig für das Theater. Und auch die Suche
nach immer neuen Publikum. Am Meisten
begeistert mich, wie das Theater, trotz der
Mehrheit der Zuschauer im Verhältnis zu
den Schauspielern siegt. Ein Schauspieler
ist in der Lage hunderte von Menschen zu
begeistern. Bei den Büchern ist das noch
gigantischer. Da ein Autor, Millionen oder
sogar Milliarden von Menschen erreichen
kann, heutzutage. Lilli Blau, Du hast
geschrieben, das Du einen Mann mit einer
KFZ-Werkstatt geheiratet hast. Direkt am
Meer lebt ihr. Ist es schön, Dein Leben.
Fährst Du viel Auto? Ist der Traum vom
Westen dann endgültig gestorben, nach der
Abschiebung? Schreib mir weiter. Ich freue
mich sehr, wenn wir in Kontakt bleiben. Ich
werde ein große Sekretariat beschäftigen
können, wenn mir einmal als Autorin der
Kontakt zu all meinen Lesern wichtig sein
wird. Ich Wünsche mich von jedem auch
dessen Lebensgeschichte zu hören und zu

einen Schneeball ins Rollen zu bringen, wo jeder jedem seine Geschichte erzählen mag. Und wo sich alle Menschen für andere Menschen und deren Geschichten interessieren, um ein bewusstes Gegenübertreten von Mensch zu Mensch, von jedem zu jedem zu erreichen. Wenn ich Politikerin wäre, würde ich der Einsamkeit den Krieg erklären. Jetzt werde ich unterbrochen. Ich soll weiterschreiben an den Geschichten der anderen und von meiner eigenen lassen, die ist ja doch nicht so wichtig. Für wen? Als Dokument und als Reflektion, welch unglaubliche Ereignisse ein ganzes Leben für immer verändern können. Haben Sie Tagträume? Oder Traumata? Haben Sie schon einmal Ihre Träume analysiert? Unbewusst oder bewusst reflektieren Sie Ihre Handlungen? Ist Ihnen der Besuch von Tragödien am Theater wichtig?Wer reitet so spät durch Nacht und Wind?

*Es ist der Vater mit seinem Kind;
Er hat den Knaben wohl in dem Arm,
Er fasst ihn sicher, er hält ihn warm.*

*Mein Sohn, was birgst du so bang dein
Gesicht? –
Siehst, Vater, du den Erlkönig nicht?
Den Erlenkönig mit Kron' und Schweif? –
Mein Sohn, es ist ein Nebelstreif. –*

*„Du liebes Kind, komm, geh mit mir!
Gar schöne Spiele spiel' ich mit dir;
Manch' bunte Blumen sind an dem Strand,
Meine Mutter hat manch gülden Gewand." –*

*Mein Vater, mein Vater, und hörest du nicht,
Was Erlenkönig mir leise verspricht? –
Sei ruhig, bleibe ruhig, mein Kind;
In dürren Blättern säuselt der Wind. –*

*„Willst, feiner Knabe, du mit mir gehn?
Meine Töchter sollen dich warten schön;
Meine Töchter führen den nächtlichen Reihn
Und wiegen und tanzen und singen dich
ein." –*

*Mein Vater, mein Vater, und siehst du nicht
dort
Erlkönigs Töchter am düstern Ort? –
Mein Sohn, mein Sohn, ich seh' es genau:
Es scheinen die alten Weiden so grau. –*

„Ich liebe dich, mich reizt deine schöne
Gestalt;
Und bist du nicht willig, so brauch' ich
Gewalt." —
Mein Vater, mein Vater, jetzt faßt er mich
an!
Erlkönig hat mir ein Leids getan! —

Dem Vater grauset's; er reitet geschwind,
Er hält in Armen das ächzende Kind,
Erreicht den Hof mit Mühe und Not;
In seinen Armen das Kind war tot.
Denken Sie dass es wichtig ist, dass wir uns
mit Tragödien beschäftigen? „Meine
zukünftige Frau, Du weißt das ich Dich
fragen werde und das unsere Verlobung
bevorsteht, aber willst Du das wirklich? Mir
ist es recht, wenn Du Dir Zeit lässt. Du
musst nicht gleich Dein Zuhause im Schloss
aufgeben. Lass Dir Zeit, ich werde warten.
Dein Peter."Das tat er auch sehr nett und
ich fand ihn sehr liebevoll und süß. Donner
Summer, back in love again. Soll ich es
wagen, diese Ehe, ohne Liebe? Ich war nicht
besonders glücklich und beschloss für zwei
Wochen ins Kloster zu den Klarissinnen zu

gehen um für diese Ehe zu beten. Das hätte ich dann wohl auch während der Ehe regelmäßig machen müssen, damit sich all die Schwierigkeiten und Probleme, die dann kamen nicht so ausgeweitet hätten. Liebe Angela Carlos, bist Du immer noch so enorm dünn? Es hat mir immer leid getan, Dich so zu erleben, als jemanden der den Hunger gewöhnt ist. Für uns im Westen war es nicht so vorstellbar wie viele Menschen es tatsächlich gab, die zu wenig zum Essen hatten. Die Ausbeutung nicht nur an sich selbst, sondern der ganze Kapitalismus, alles war doch sehr prägend für dieses letzte Jahrhundert. Schickst Du mir bitte auch noch ein paar Bilder Deiner Eltern und schreib mir etwas über deren Schicksal, ja.

Und danke für das Ausfüllen des Fragebogens und das mitmachen bei meinem Interview und danke das ich Dich erwähnen und zitieren darf. Danke. Ich hab Dich in guter Erinnerung und es tut mir so leid, was sie Dir alle angetan haben, vor allem auch die Wärter damals. Sprache, Geste, Haltung und innerer Mut, das war bei Dir sichtbar, in jeder Bewegung. Stelle meine eigenen Vermutungen und Thesen dafür auf. *Was für Zeichen muss man setzen um die absurden Moment im Leben auch für das Theater festhalten zu können? Ich schaue aus dem Fenster. Erinnerungen kommen hoch. Also, wie war das? In Klausur. Immer das gleiche. Immer das selbe, Tag für Tag. Woche für Woche. Die Geräusche von draußen. Was sich ändert sind die Vogelgeräusche. An Ihnen kann man die Jahreszeiten förmlich hören. Man lernt der Sprache ganz unbewusst. Es kommt der Frühling. Die Schwärme kommen zurück. Es kommt der Sommer. Es kommt der Herbst. Es kommt der Winter. Man hört die Schwärme davon ziehen, in den Süden. Man will mit. Man möchte ein Vogel sein und fliegen können. Förmlich und gewiss. Der Flügelschlag. Wieso habe ich mich nicht täglich hingesetzt und nur gehört, was mir die Vögel sagen. Soll ich das jetzt nachholen? Ich denke an die Bilder. An den ersten Vogel, den ich gezeichnet habe. Ich denke an all die Erlebnisse, die Unbewussten. Die, welche alle auch einmal so wichtig sind. Ich denke an das Zwitschern. Ich mag besonders gerne die Krähen. Als Kind habe ich sie auf meinem*

Schulweg beobachtet. Täglich hatte ich neue
Eindrücke und täglich habe ich sie
beobachtet. Ich möchte es, wie sie über die
Spree zogen. Ich mochte diesen Fluss. Die
Spree, mein Schulweg, die Erinnerungen an
die vielen Trauerweiden, dort. Mitten in
Berlin. Heute mag ich am Liebsten den
Gesang der exotischen Vögel. Darum liebe
ich den Süden. Sobald ich sie höre, ich
kenne sie kaum die Vogelwelt und doch
liebe ich ihre Stimmen. Die Stimme dringt in
mein Herz. Als wenn die Welt draußen zu
mir spricht. Nein, ich glaube es nicht. Was
ist das eine Kulisse? Gitter vor den
Fenstern. Ich denke an den Satz. Eines
morgens wachte ich auf und war verhaftet.
Ich fühle mich aber ganz gut. Habe gut
geschlafen. Eine neue Arbeit. Gerade erst
ein paar Tage begonnen. Mag die Kollegen.
Alle haben mich freundlich aufgenommen.
Wieder dringen die Vogelstimmen zu mir.
Wir ziehen fort und Du? Wir kennen sie die
Berliner Mauer. Wir, die mit ihr
aufgewachsen sind. Wir wissen es ganz
genau. Wie die Straßen von ihr geteilt
waren und wir wir uns eingemauert gefühlt
haben. Wir Westberliner. Gar keine Idee,

das sie fallen könnte. Gar keine Idee, das die nächste Generation den Potsdamer Platz zum Beispiel. ohne Mauer erleben könnte. Frei, wie ein Vogel sein zu können. Hinzuziehen, in den Süden, im Sommer und zurückzukehren, wenn die Ernte auf den Feldern steht?

Unkorrigiertes Lesexemplar Jeder Käufer erhält eine kostenlose Neuauflage, auf Anfrage, bei ZÜP-Company Edition, A-2041 Wullersdorf 41

Ich bin in Berlin. Ich mag Berlin und ich freue mich das es keine Mauer mehr gibt. Hier gibt es kaum Felder und Wiesen. Schon, einige wenige, am Rand, an der Mauer. Landwirte sind kaum mehr da. Die sind hinter der Mauer. Auf die Felder dürfen wir nicht. Wir, wir müssen durch die Zone fahren. Wenn ich aus dem Fenster blicke, ist da die Gefängnismauer. Die andere Mauer, die ist schon gefallen. Ich, ich bin ja frei, nun, Erwachsen. Die Gefängnismauer hat nicht mehr die Bedeutung einer Mauer. Die schreckt mich nicht. Ich arbeite ja hier. Das hier ist nur noch ein Ort für Erinnerungen. Und das hier, das ist ein besonders wichtiger Ort geworden. Zeitzeugen berichten und ich. Ich kann das politisch nur unterstützen. Ich freue mich, ich kann mich mit dieser Aufgabe und Arbeit total identifizieren. Ich könnte für immer hier im Gefängnis bleiben wollen. Es tröstet mich. Außerdem habe ich im Grundwald eine schöne Wohnung in einem Haus mit Schwimmbad und ein Pferd für die täglichen Ausritte. Was für ein Kontrast. Er nahm meine Hand. Sie fühlt sich gut an. Er ist ein echter Rocker. Er steht für die Freiheit und hat sie mit seiner Freiheit und seinem ganz persönlichen Schicksal bezahlt. Er liebt die Rolling Stones. Er trägt lange Haare und immer seine schwarze Lederjacke und Weste. Er ist eben ein Rocker, durch und durch. Am Liebsten spielte er Schach, träumt von aufregenden Frauen und von der Freiheit. Einem Leben, ohne Mauer. Ein Leben mit der Möglichkeit tun und lassen zu können, was man will und vor allem dort hin gehen zu wollen, wo man will und natürlich auf ein Konzert der Rolling Stones! Musik. Wie wichtig sie ist. Ich bin mit den Beatles aufgewachsen und mit der Banane Krumm, die wenn sie gerade wäre, eben keine Banane mehr wär. Also außerdem mit: "Einer ist keiner, zwei sind mehr als einer, sind wir aber erst zu dritt, machen alle anderen mit. Einer ist keiner..". Brüder, zur Sonne zu Freiheit. Wie ich die Mai-Demonstrationen jedes Jahr geliebt habe und wie wir über die Mauer geschielt haben, mit dem Gedanken, das es toll ist, was die da probieren. Super, diese Mauer zu bauen und sich abzugrenzen von den Bonzenschweinen und den Kapitalisten. Ich

*träume davon ein Bonzenkind sein zu
wollen, manchmal. Im Gripstheater gefällt
mit das Mädchen das alleine auf der
Schaukel sitzt mit Lackschuhen und einem
weißen Kleid. Ich aber, ich muss die rote
Zora sein, und die bin ich auch. Mit 15
werde ich Pankerin und dann haue ich ab,
aus diesem Berlin.*

Bin auf Trebe,

*trampe in die Cramaque zu den wilden
Pferde.*

*Habe Glück, entkomme einer
Vergewaltigung, muss dann in der Nacht
alleine zu Fuß wieder zurück über die
Grenze, werde zum ersten Mal verhaftet,
aber nur für ein paar Stunden. Darf dann
weitertrampen. Ist ja bis jetzt auch gut
gegangen, dachten die Eltern. War aber
nicht so, ging diesmal nicht gut. Zum
Ausgleich gab es ein Zugticket nach Berlin.
Ich gehe nicht zurück nach Hause. Ich gehe
in ein besetztes Haus, nach Bethanien oder
an den Oranienplatz. Ich bin frei, ich mache,
was ich will. Ich bin eine Berlinerin. Ich*

Unkorrigiertes Lesexemplar_Jeder Käufer erhält eine kostenlose Neuauflage,
auf Anfrage, bei ZÜP-Company Edition, A-2041 Wullersdorf 41.

*kann selber denken und handeln und ich bin
alt genug, mir nichts mehr sagen zu lassen,
mit 15. Raben und Krähen, die sind extrem
unerschrocken und können sich gut
verteidigen! Sie essen im Winter fast nur
Mist. Zu meiner Zeit da gab es so was nicht.
Man lebte voll Bescheidenheit. Oh ja, meine
Eltern sind Studenten wir leben zu fünft vom
Bafög und wir kommen durch. Wir brauchen
nichts, außer Klavier spielen zu dürfen,
Bücher zu lesen, zu tanzen und wild in der
Gegend herum zu galoppieren. Auf wilden
Araberhengsten am Liebsten. Das stimmt
auch nicht ganz mit der Bescheidenheit,
denn wir hatten ja tolle Großeltern und
außerdem die Macht der Freiheit der
Gedanken und des Geistes. Nichts konnte
uns Kinderladenkinder der Linken aufhalten,
die Welt erobern zu wollen. Wir träumen von
Ungarn, von Ferien in der Puszta oder am
Plattensee, fahren nach Formentera und
Ibiza. Schlafen am Strand. Campen wild. Wir
sind frei. Wir leben im Wald und wir
genießen den Sommer. Viel Licht, viel Liebe
und viel Sonne. Meer mit Quallen. Tolle
Steine und schöne Muscheln. Wir essen was
auf den Tisch kommt. Wir hungern nie. Wir*

Unkorrigiertes Lesexemplar_Jeder Käufer erhält eine kostenlose Neuauflage,
auf Anfrage, bei ZÜP-Company Edition, A-2041 Wullersdorf 41.

*fühlen uns wie die wilde Zora. Unabhängig
und unbesiegbar, stark wachsen wir heran.
Sollten wir nicht träumen. Träume davon,
das wir uns frei entfalten können. Das
niemand uns bestimmt und niemand uns
zwingt etwas zu tun, was wir nicht wollen.
Selber denken, selber handeln und selber
leben wollen wir. Ich bin doch wirklich eine
Rockerbraut. Da kam einer auf einem
Schimmel und ich schickte ihn in den
Himmel mit seinem (...) . Das war unser
Lieblingswort, denn wir durften das als
Kinder der 68 Generation ja in den Mund
nehmen. Nur das Wort natürlich und sonst
hatten wir moralische und ethische Wert zu
begreifen. An die echte und wahre Liebe zu
glauben und an den Intellekt.
Es ist wie gestern. Nächste Woche kommen
sie nach Wien, die Rolling Stones. Er streckt
jedem am Liebsten die Zunge raus, wie sie
und rockt, was das Zeug hält. Er scheißt
sich einfach nix und sagt immer, was er
denkt.
Ja, ich bin schon da. Meine Gedanken sind
aber nur bei ihm. er hat mich um den Finger
gewickelt, wollte mich manipulieren und mir
ebenfalls Macht zuspielen. das ist ihm*

gelungen. Ich habe lange gebraucht um zu begreifen, das er mir seine Geschichte, seine wirklich geschenkt hat. Nicht die, die er verkaufen muss, als Zeitzeuge, sondern die seines Herzens. Die Geschichte eines Rockers, der nicht einsehen wollte, das er seine Zunge im Zaum halten sollte. Er nimmt meine Hand, packt sie kräftig fest. Komm, ich zeig Dir mein zu Hause, meine Welt! Etwas tut sich auf, was ich kenne. Also da gibt es Befehle. Der ganze Tag besteht aus Befehlen. Hier lang dort lang, geradeaus. Stehen, gehen, setzen. Ausziehen. Anziehen. Still sein. Licht an, Licht aus. Alles ist Fremdbestimmt. Schlafen, Essen, Liegen. Spazieren gehen, Ruhe, Bewegung. Aber anders als beim Militär. Gehorsam und unberechenbare Ausbrüche. Plötzlich, Strafe. Unerwartet. Unangenehm. Ein Schrein. Schimpf und Schande. Beschimpfungen den ganzen Tag. Wie geht das? Wie kann ein Mensch das überleben. Satt Liebe und Hilfe. Schimpf und Schande und boshafte Gemeinheiten. Folter aus Willkür und Lust. Schaden und Bestrafen 24 Stunden lang, ohne Ende. Es gibt keine Ende, am Ende nur der Tod. Die Erinnerung,

die bleibt aber sogar über den Tod hinaus.
Ich habe mich immer gefragt, warum er so
scheinbar dumm war. Warum hat er sich
nicht anpassen können. Warum konnte er
nicht aus seiner Haut und warum konnte er
nicht kuschen und klein beigeben. Warum
ließ er sich foltern, warum streckte er
seinen Hintern hin und lies sich verhauen.
Und warum hat er dieses stolze Lächeln des
Alleswissers für sich bewahrt.
Was gibt er uns für eine Botschaft?
Aus dem Hosenbund zieht er einen riesigen
Schlüssel! Soviel Schlüssel an einem Bund.
Das ist der größte Schatz meines Lebens,
sagt er. Also, das ist mir sofort klar, warum.
Er geht mit mir in ein oberes Stockwerk.
Dort sperrt er wie in einem Ritual eine
große Gittertür auf. Hinter uns verschließt
er sie wieder. Wir werden nie wieder durch
diese Tür gehen. Nie den Weg zurück
nehmen. Und doch machen wir einen
Spaziergang in die Vergangenheit. In seine
und meine. Wieder spüre ich den festen
Griff. Aber ich muss hinter ihm gehen.
Automatisch gehe ich gleichmäßig immer
mit 40 cm Abstand zur Wand den Gang
entlang. Er einen Meter vor mir, immer mit

den Augen auf mich gerichtet. Ob ich alles mache, wie es sich gehört. Er schließt wieder die Zellentür. Verriegelt sie. Was, war es das, wird man uns jetzt hier vergessen? Über Nacht, für immer. Ich erinnere mich. Ich bin allein. Ich denke daran wie das war. Ich sitze auf dem Hocker. Die Stunden vergehen. Ohne Uhr. Ich weiß gar nicht mehr, was Zeit ist. Ich sitze da. Ich starre auf die Luke. Strafe jede Minute. Alles ist Strafe. Ich sitze auf dem Hocker. Tag- ein tagaus. Es hört nicht auf. Wie ich sitzen muss ist vorgeschrieben. Die Hände links und rechts. Ich darf auch aufstehen. Hin und her gehen. Dazu muss ich den Hocker auf die Seite schieben. Meine Pritsche ist hochgeklappt. Also ich gehe oder ich sitze und ich versuche ein System zu entwickeln, wie ich ein Gefühl für Zeit bekommen kann. Einundzwanzig. Einundzwanzig, das ist eine Sekunde. 60 Sekunden sind eine Minute. Also, dann muss ich Wörter entwickeln, die so lang sind wie das Wort: einundzwanzig"! Und dann kann ich daraus Wortketten bilden.

ICH WILL, ABER ICH DARF NICHT!
Ichbingefangen, ichwillfreisein,
ichwilldenkendürfen, ichwillwasichwill,
tununddenkendürfen,
ichwillfreiatmenkönnen,
ichwilldurchWiesenlaufen, durchWälder,
inWäldernlebenundlieben,
ichwillküssen, ichwilldasLebenlieben,
ichwillfreisein, morgenmöchteichraus,
ichwerdeKraftbrauchen,
meinGeistdarfnichtaufgeben,ichwillwiederich
sein, ichwilllassendürfen,was ichwill,
ichwillnichtausdenRhythmuskommen,
ichwillfreidenkendürfen, ichwillnichtfürden
Sozialismusleben, ichmagkeinePolitik,
ichwillfreisein, ichwillMenschsein,
ichwilldahinwoichwill,
ichwillalles, ichwilldieWeltkennenlernen,
ichwillmichspüren, ichwillmichrühren,
ichwillkaufen, ichwilllachen,
ichwillnichtalleinsein,
ichwillnichtisoliertsein,
ichwillhinaus,ichwilllieben, ichwillstarksein,
ichwilldurchhalten, ichwilllausche,
demWindunddenMenschen,
ichwilldieVögekhören, ichwillfreisein,

ichwillichsein, lasstmichhinaus,
ichwillmichnichtbrechenlassen,
ichwillnichtsterben, ichwillleben,
ichwillMenschsein, ichwillautonomsein,
ichwillerwachsensein, ichwillimmehrichsein,
dürfenundwollen, lachenundlieben,
ichwilldassiewissen, dasmanMenschennicht
brechenkann, ichwilldassiespüren,
dassieunrechttun,
ichwilldassiemeineMachtspüren,
Menschzusein, ichzusein, individuellzusein,
ichsein, Menschsein, lautsein,
lachendürfen,liebendürfen, wollendürfen,
denkendürfe, ichsein, ichwillfreisein,
ichwillMenschein, ichwillraus,
ichwillhierwiederraus!!!
Allessollneswissen, keiner darf es
vergessen! Ich will ich sein! Jetzt wüßte ich
gerne, wenn ich das Aufnehme, wie lange
das ist. Ich probiere es einmal mit einem
Takt. Hätte ich doch eine Stoppuhren dann
wüßte ich, es sind genau eineinhalb
Minuten. Und nun, wie geht es weiter. Ich
bekomme meine Blechnapf mit Suppe. Mein
Löffel. Alles, was ich habe.Verhungern
lassen sie einen nicht. Ich muss jetzt essen.
Wenn ich daraus einen Rapp mache, eine

*Schrittfolge und die dynamisch wiederhole,
den ganzen Tag und immer nach zehnmal
eine kleine Pause mache. Dann habe ich
einen viertelstunden Takt entwickelt. Mit
dem kann ich den Tag in vier viertel
aufteilen. Also viermal den Rapp sind eine
Stunde. Dann mache ich das viermal täglich,
zwei mal vormittags und zwei mal
nachmittags, dann habe ich eine Wachzeit
von 16 Stunden. Dazu 8 Stunden Schlaf sind
vierundzwanzig Stunden. Und wenn ich
gestört werde, dann mache ich immer da
weiter, wo ich aufhören musste. Irgendwann
ist der Rhythmus so in mir, das ich genau
weiß was eine Stunde und ein Tag ist und
was ein Vormittag und ein Nachmittag ist.
Ohne Irritation. Ohne Störung. Das ist die
totale Illusion. Das wird so nicht gehen.
Aber es ist eine gute Idee. Eben eine echte
Utopie?*

Hey, schöne Frau!

*Ich bin folgsam. Es sitzt mir im Blut,
eingemeißelt für immer. War ich doch
gerade aus der Untersuchungshaft, war ich
frei und unschuldig gesprochen, so blieb ich
doch ein Häftling. Ein gewesener. Ein
Knastologe, der es von innen kennt. So habe
ich sie selbst gerade erlebt, all die politisch
Gefangenen, Grenzgänger. Ich schaue auf
die Luke an den Zellentüren. Starre förmlich
darauf. Gut, heute von außen, nicht mehr
von innen. Das ist eindeutig eine andere
Perspektive. Er schaut mich plötzlich anders
an, nicht das ich nackt bin, plötzlich, nein ich
habe einfach nicht mehr das an, was ich an
habe und schon gar keinen Rock. Es ist still
um uns. Vor uns die Gänge, die Türen, alle
verriegelt, keine ist offen, damit hier keiner
mehr eingesperrt wird, oder heimlich sich
verirrt oder selbständig spazieren geht. Hier
braucht man immer noch die richtigen
Schlüssel zur richtigen Tür. Das zu wissen
ist eine Schulung von Jahren. Ein
Geheimnis. Ein Schicksal, für immer. Charly
kennt jeden Schlüssel und jede Tür. Er liebt
es Besucher hier herumzuführen. Ob er mit*

anderen Frauen auch schon dieses Spiel gespielt hat. Er behauptet nein, aber ich weiß das es auch gut Lügen kann. Er redet wie er will, lügt wann er will, provoziert, wann er will und spielt mit allen und jedem. So habe ich ihn kennengelernt. Das war mein ganz persönlicher Eindruck von ihm. Wir gehen an lauter geschlossenen Türen vorbei. Manchmal können wir einen Blick hineinwerfen. Es sind lange Gänge. Immer dieselben. Wir wandern ewig herum. Dann sagt er, dort hinein. Wir gehen hinein. Er sperrt die Tür ab. Es ist seine Zelle. Stille. Erinnerung, an das Weinen. An das Klopfen. Das Weinen. Das Schluchzen. All die Geräusche. Das Schleife. Man hört sie Jaulen und Heulen, die anderen. Man hat keine Hoffnung mehr. Man hat nur Brot. Kein Spiegel. Bei der Toilette wird zugesehen. Tagelanges Weinen. Lust auf Selbstmord. Keine Chance. Kein Gürtel. Keine Strümpfe. Kein Besteck. Nur ein Plastiklöffel. Gedanken und Lust auf das Verhör, dass man endlich eine Unterhaltung hatte. Man musste immer auf dem Hocker hocken, oder man durfte hin und her laufen. Man verliert die Zeit für die Tage. Man hat

*nur noch seine Fingernagelstriche an der
Wand. Die wurden aber regelmäßig entfernt.
Nur den Hofgang, in der Kälte. Man zittert,
man wird mürbe. Man hat nichts. Wenn sie
mir sagen, was ich hören will, dann
bekommen sie auch einmal ein Zigarette.
Die Familie, die wird ausgelauscht. Alles
wird ausgehorcht. Jeder wird zerbrochen.
Die Erinnerungen bleiben, die gehen nie
mehr fort. Nur die Vögel, die können davon
ziehen. Ich hocke auf dem Hocker. An die
Wand durfte man sie nie anlehnen. Ich
schaue aus dem Fenster. Man sieht nichts,
es ist mit Milchglas versehen. Diesen
Ziegelsteinen, durch die nur ganz wenig
Licht kommt und schon gar keine Luft. Und
feste Gitterstäbe. Er sagt setzt Dich. Ich
schaue zur Luke, ob ich Schritte höre.
Nichts. Er schaut mich an. Sein Gesicht
schaut sehr, sehr traurig aus. Das ist mein
zu Hause, sagt er.
Willkommen auf meiner Bettstatt.
Danke, denke ich, das ich mich setzen darf.
Wie viel Jahre, wie lange hat er hier gelebt,
genau hier? Sehr lange, keine 20 Jahre, aber
ein ganzes junges Leben. Was soll ich alles
erzählen, ich lausche den Interviews der*

Zeitzeugen. Ich höre mir an, Tag für Tag.
Was sie sagen. Wir sprechen und dann an
anderer Stelle. Das geht nicht. So geht es
nicht. Da wird nicht lange diskutiert. Es wird
klar gesagt, das man sagen muss, was
gehört werden will. Hey, schön das Du da
bist. Er nimmt mein Gesicht in die Hände.
Mir wird schwer ums Herz. Seine raute
Stimme zeigt so viel Gefühl, wie man es bei
einem Mann selten sieht. Fast nie. Ich
komme mir vor, wie sein größter Schatz,
sein Kind, seine Tochter, seine Geliebte,
sein ein und alles. Er, sagt, "Du" , du erfüllst
mir gerade den größten Wunsch meines
Lebens, jetzt kann ich sterben. Er schaut
mich an. So eine schöne Frau, die wollte ich
haben. So ein Mädchen, hier bei mir, an
meinem Herzen. Du bist es, Du bist mein so
lang gelebter Traum, danke! Wir fragen
Zeitzeugen. Wie war das eine Flucht zu
planen? Wir hatten viel Freiheiten in der
DDR. Ab drei Jahren waren wir im
Kindergarten. Dann kamen wir in die Schule.
In der Freizeit durften wir immer spielen.
Wir haben draußen gespielt. Wir haben auch
viel Mist gemacht. Wir haben es schön
gefunden in der DDR. Ein sehr freies

Leben. Natürlich kam auch einmal die Zeit vorbei. Schritte! Angst, hat uns jemand gesehen. Wir sind ganz keusch und sehr schüchtern. Eine Gruppe geht den Gang entlang. Wir werden nicht bemerkt. Die Luke ist dicht. Ich atme auf, schau auf das Eisengestell des Doppelbettes. Mein Blick wandert zur Kloschüssel und wieder zurück zu ihm, den Held der Anstalt. Er schaut gut aus, sehr verwegen und sehr stark. Mein Herz bebt. Es ist sehr erotisch, wird er etwas von mir wollen. Nein, er hat gesagt, er erzählt mir seine ganz persönliche Geschichte, von seinem ganz privaten Kampf, gegen ein Regime und gegen eine Mauer. Eine Mauer die nie vergessen werden darf, weil sie das Schlimmste war, was man einem Volk antun kann. Ein ganzes Land teilen und einsperren. Ich weiß, ich bin mit den Fahrrad an der Mauer zur Schule gefahren. Ich hatte Sorge, wenn wir über den Check Point Charly fuhren. Die Zone, eine unheimliche Geschichte. Transit. Nicht links und rechts schauen, schnell durch, möglichst ohne Pause. Ach, wenn er wüsste. Wie verliebt war ich in den Marxismus, in die schönen Märchenfilme aus Prag. Wenn

er wüsste wie poetisch und stolz ich war,
auf ein so politisch starkes Volk, das wir im
Herzen sangen. Brüder, zur Sonne zur
Freiheit. Und jetzt steht er vor mir, Charly.
Er der nie frei war, sondern immer
eingesperrt und der nur einen Traum noch
hatte. Einmal mit einer schönen Frau in
seiner Zellen in den lieben Tag hinein, den
Gedanken nachzuhängen. Langsam zogen
Wolken auf. Wir merkten, das es Nachmittag
wurde. Komm. Er nahm wieder meine Hand
und sperrt die Tür auf. Komm ich muss Dir
noch einen anderen Raum zeigen. Wir
gingen hinauf und hinunter. Ich fühlte mich
wie ein Häftling. Ganz vertraut. Ich
erinnerte mich an alles, was ich gerade ein
paar Wochen zuvor selbst erlebt hatte. Das
Stiegenhaus, die Türen, die Fenster. Alles
sah genauso aus, wie ich es selbst erlebt
habe. Grau, blau, grau und Staub und Metall.
Manchmal Risse, ansonsten Schilder und
immer Türen, die auf und zu gesperrt
werden mussten. Die Schlüssel klirren. Das
wichtigste Geräusch. Es klingt gut, wenn
sich der Schlüssel dreht. Schritte und Stille
und Schritte, und Türscharniere. Ein
Schloss, ein klirrender Schlüssel, ein

Unkorrigiertes Lesexemplar_Jeder Käufer erhält eine kostenlose Neuauflage,
auf Anfrage, bei ZÜP-Company Edition, A-2041 Wullersdorf 41.

*Klicken und wieder Stille und Schritte und
ein "komm". Er nimmt meine Hand. Sie ist
jetzt etwas feucht. Kommt schau. Er sperrt
einen großen Raum auf, mit 8 Stockbetten.
Komm, daher. Setz´ Dich daher. Voller
Zärtlichkeit nimmt er wieder meine Hände,
führt sie vorsichtig zu seiner Hose. Komm,
bitte lass mich Dich ansehen. Ich will nur
schauen.
Bitte lass mich.
Ich sage nein. Setze mich. Wir schauen
wieder zu den vergitterten Fenstern. Er
schließt die Tür. Mir wird heiß. Sehr heiß.
Also doch? Dann beginnt er zu erzählen, von
den langen Jahren im Knast. Von den kurzen
Moment der Freiheit, bis er wieder
verhaftet wurde. Von den Folterungen und
all seinem Märtyrerdasein. Aber er hat sich
nicht brechen lassen. Er, ist er geblieben
und er hat sich in Phantasien gerettet. Das
liebste ist ihm der Anblick eines süßen
Schoßes. Und der Gedanke daran allein, der
reicht schon. Ein Klicken, die Luke geht auf.
Ein Kollege, hallo! Ah, Du bist es. Er
schließt wieder die Tür. Verriegelt er sie.
Was, war es das, wird man uns jetzt hier
vergessen? Über Nacht, für immer. Alles ist*

*irreal. Und da ist dieser Rocker und seine
Geschichte. Er baut sich vor mir auf,
flehend und sehr sexy. Nimmt wieder mein
Gesicht in seine Hände und läßt seine
Gedanken schweifen. Stille. Ach, kein
Lufthauch. Ich atme und schaue mich um. Es
ist mir vertraut, auch ich fühle mich zu
Hause. Auch ich fühle mich wohl. Auch ich
denke an meine Phantasien, schaue zur
Luke, ob jemanden sie geöffnet hat. Keine
Geräusche, nichts. Also, gut. Er macht was
er will. Er macht alles, so wie ich will und
ich träume und lasse meine Gedanken
dahingleiten. Ich rühre mich nicht. Sitze still
und fühle. Fühle mich als Gefangene,
Gefangene nicht nur der Sehnsucht, sondern
auch einer Situation. Was war das? Ein zu
Hause? Eine Wohlbehagen in
Gewohnheiten? Ja und ein knistern in der
Luft. Weil jetzt die Erinnerungen an die
Phantasien und Stimmungen der Lust und
der Launen kommen. Ja, sie ist da, diese
enorme erotische Atmosphäre zwischen den
Wächtern und den Insassen. Ja, es ist so
intim, dieses Zusammenleben auf so engem
Raum, das es eben alles sehr nah wird. Wir
schauen uns an. Zeit vergeht. Jahre*

Unkorrigiertes Lesexemplar_Jeder Käufer erhält eine kostenlose Neuauflage,
auf Anfrage, bei ZÜP-Company Edition, A-2041 Wullersdorf 41.

vergehen. Gedanken schweifen herum. Der Boden, blitz- blank. Alles ist desinfiziert und abgespritzt gegen Ungeziefer. Hier gibt es keine Kakerlaken, keine Fliege und erst recht keine Ameisen. Tiere können hier nicht leben. Menschen müssen das. Jahrelang. Unten im Keller die Mauernischen für die Folterung, die Schweinegruben für den Abschaum derer, die nicht an den Marxismus geglaubt haben. Für die Wiederstandkämpfer. Eben für die echten Rocker! Es ist unser Jahrestag! Sein Todestag? Aber er ist mehr als einmal gestorben. Jede Folter ging über das Sterben hinaus. Jeder Hofgang ein Tod des Herzens. In Memoriam an einen der Auszog das Fürchten zu lernen und sich im Herzen das Lieben erhalten konnte. An einen, den keiner vergessen sollte, an einen Robin Hood des 20. Jahrhunderts!ein Staat der seine Bürger alle überwacht. Heute ist es normal. Heute wird die ganze Welt überwacht. Aber damals. Alles ist mit deutscher Gründlichkeit geplant. Wie konnte man sie verunsichern, die Bürger. Wir sind enttäuscht. Parolen können nicht täuschen. Spitzel sind überall. Jeder beobachtet jeden.

Jeder weiß alles. Der Pfarrer erhält plötzlich Post. Was ist denn das? Die Fronten sind geklärt. Bedingungslose treue. Die Treue. Die ist Wichtig. Lernt und arbeitet fleißig. Wenn Euer Leben einen Sinn haben soll, dann müsst Ihr Euch täglich und stündlich für die DDR entscheiden. Für den Sozialismus.

Charly entwickelt viele Strategien, Gedanken und Gefühle und blieb ein Mensch. Einer, der er war, ein rockender Rebell, immer ein Lied auf den Lippen und ein Wiederwort. Nun bin ich in die Zukunft geschweift, obwohl wir noch immer in dieser Großraumzelle sind. Wir haben geträumt. Er nimmt meine Hand, sagt danke. Und dann nimmt er seinen Schlüssel sperrt die Tür auf. Geht hinaus. Wirft einen Blick in den Gang. Keiner da. Wir gehen weiter immer weiter. Noch einige Gänge. Dann durch den Hof, dann zum großen eisernen Tor. Er steht davor, die Sonne geht unter und Charly stirbt nie.

Gone, bit not forgetten.

Wenige besitzen viel und viele besitzen wenig. Selbst wenn es Hohenschönhausen als Gedenkstätte einmal nicht mehr geben

*sollte, selbst dann bleibt er der Rocker
seiner Zeit, der die Freiheit mit seiner
Freiheit bezahlt hat.
Er streckt die Zunge raus. Atmet tief durch.
Er liebt es vor, diesem Tor zu stehen.
Welch unheilvoller Name.
Hohenschönhausen. Als ich das erste Mal
durch das Tor ging holt mich die Ohnmacht
ein. Als Häftling habe ich das alles nicht
gesehen. Aber als ich dort im Haft war, da
habe ich das alles nicht gesehen. Während
meiner Haftzeit wußte ich das gar nicht, wie
das dort aussah. Ich kam da hinein, als
politischer Häftling. Ich kannte das alles
nicht, wie das heute aussieht, wenn man von
Außen, hineingeht und eine Besichtigung
macht. Die Schuld muss bewiesen sein. Die
Akte muss stimmen. Der Tag der Befreiung,
den habe ich nicht erlebt. Ich war damals in
Lagerhaft. Das Ende des Krieges. Eine neue
Zeit. Die Konferenz der Siegermächte. Die
Regierungsgewalt wird übernommen. Viele
haben Hoffnungen. Nazielite kam nach
Hohenschönhausen. Staubmantel.
Dolmetscher. Sie müssen mal mitkommen.
Nehmen sie Ihre Decke mit. Es kann länger
dauern. Als alles zu Ende war. Die Jugend*

wurde Volkssturm. Ich war kein Werwolf.
Ich habe keine Vernehmung erlebt in der ich
nicht ins Gesicht geschlagen wurde. Und
wenn ich nicht gefällig antwortete, wurde
ich wieder geschlagen. Man hat nur einmal
nicht unterschrieben, was einem einmal
vorgelegt wurde. Kahlgeschoren wurde man
bei der Ankunft. Die Pritschen mussten mit
mehreren geteilt werden. Bis zu 4.000
waren wir in diesen verwanzten Lagern.
Ohne Toiletten, ohne Waschgelegenheiten.
Keine Gespräche. In den Lagern gaben es
keine Gespräche über die frühere
Vergangenheit. Ein großes Schweigen. Aber
es gab ein Lagertheater. Das war ziemlich
gut. Den Prolog aus dem Faust, den habe ich
sogar auswendig gelernt. der Kurs wurde
vorgegeben. Die SED wurde die
Einheitspartei.
Dann sagt er zu mir. Und Weihnachten, da
spielen wir Schach und ich lege Dich matt.
Und zwar nicht nur einmal. Die Gedenkstätte
Berlin-Hohenschönhausen besteht aus den
Räumlichkeiten der ehemaligen zentralen
Untersuchungshaftanstalt der
Staatssicherheit der DDR, die von 1951 bis
1989 in Weißensee bzw. Hohenschönhausen

*in Betrieb war. Dort wurden vor allem
politische Gefangene inhaftiert und physisch
und psychisch gefoltert.[1] Heute existiert
an gleicher Stelle eine Gedenkstätte als
Erinnerungsort für die Opfer
kommunistischer Gewaltherrschaft in
Deutschland. Die Gebäude der ehemaligen
Haftanstalt wurden 1992 unter
Denkmalschutz gestellt. Die Gedenkstätte ist
Mitglied der „Platform of European Memory
and Conscience".
Es klingelt. Heute schon zum zweiten Mal.
Diesmal gehe ich ans Telefon. Eine
vorsichtige Stimme. Ist da? Ja,... ich bin es.
Sofort kenne ich seine Stimme, seine Art.
Pause, Stille. Kein Wort. Ich bin so außer
Atem. Sagt er. Wir haben uns lange nicht
gehört. Völlig aus den Augen verloren. Wo
bist Du? Nächste Woche bin ich in Paris.
Schön. Ich war noch in Deiner Wohnung in
München Grünwald. Aber da warst Du
gerade ausgezogen. Ja. Schön Dich zu
hören. Was machst Du? Ich pendle immer
noch. Ja. Ich weiß das nicht mehr. Was ist
passiert inzwischen? Du hattest soviel
Angst. Warst Du im Gefängnis? Nein.
Verurteilt worden bin ich. Vorher war ich in*

der Psychiatrie. Ich hatte große Angst vor einer erneuten Verhaftung.
Ich bin auch gerade dabei mein ersten Buch zu veröffentlichen. Ja. Ja, und ich brauche Dich, als Kollegen. Ich habe Angst vor dem Publizieren. Die Sümpfe der Publicity, die sich dann auftun. Die Interviews und die Öffentlichkeit. So, wie Du aus Dir dann den Herrn X gemacht hast. So ändere ich auch ständig meinen Namen. Zu viele Ereignisse. Zuviel Prominenz und zu viele zu große Geschichten, die ich weiß. Ich komme mir vor, wie eine Zeitzeugin, die nicht nur einen Mord beobachtet hat, sondern die Gesellschaft in all Ihren Facetten. Ich weiß zu viel. Ich kann damit nicht leben. Und all diese Geschichten. Immer wieder neue. Und ich glaube sie oft und dann wieder nicht. Lieber..., bitte komm mit Deinen drei Kindern und Deiner Frau zu meinem fünfzigsten Geburtstag nach Meran. Er weiß unendlich viel und spricht so hochgestochen, das ringsum alle blass werden. Schöner stolzer Mann, ich habe gerade die Geschichte der Kinder aus den Lebensbornheimen der Nazis studiert. Gisela Heidenreich schreibt rührend

darüber. Du bist so einer, ein Sohn der Nazis und was Du kannst ist, stolz daher kommen. Du bist eine Erscheinung. Du hast mir immer imponiert und jetzt holt uns unsere Geschichte eine. Die Leben vorher, die Leben unserer Vorfahren und unserer Eltern! Wer waren sie? Und was haben sie uns hinterlassen. Die Kunst an Luftschlösser zu glauben. Du sagst, bei dem zweiten Anruf heute, die Armut ist Gott sei Dank Vergangenheit. Ich stecke noch mitten drin. Wenn man sich kein Wasser kaufen kann und auch gratis keines bekommt, dann ist man an der Grenze angelangt. Hunger, Durst und Kälte. Diese drei Dinge kann man nur kurz aushalten. Und ich denke, wieder an das Gefängnis Hohenschönhausen. Die Zellen, ohne Möglichkeit nach draußen zu schauen. Nicht zu wissen wo man ist. Diese totale Orientierungslosigkeit. Und was mit der Familie passiert ist. Wo sie sind. Ich weiß. Deine Mutter hast Du nicht mehr gesehen. Sie ist 2009 gestorben. Dein Vater, der lebt noch. Aber mein Vater und wir, Deine ersten Freunde hier in der neuen Welt, in München, nach der Flucht. Wir sind nun Deine Familie. Ich fühle mich

Unkorrigiertes Lesexemplar_Jeder Käufer erhält eine kostenlose Neuauflage, auf Anfrage, bei ZÜP-Company Edition, A-2041 Wullersdorf 41.

verantwortlich für Deine Seele. Als wenn Du
ein Kind wärst meines Großvaters,
väterlicherseits, beziehungsweise ein
Enkelkind. Du bist ein Bruder, ein Fluch,
eine Hoffnung, eine Ahnung und auch eine
Sehnsucht. Aber das ganze ist eine Utopie.
Weil wir selber Kinder haben. Du drei, ich
zwei. Das ist schön. Das ist wirklich das
Schönste. Wie schön und wie verzweifelt,
Deine Sehnsucht nach Jesus. Ich erzähle Dir
von den Mormonen und wie sehr ich es
liebe die Idee, der Keuschheit vor der Ehe.
Und dann den einzigen, den einen Partner zu
lieben. Ein ganzes Leben lang. Ich hatte nie
so tolle Noten wie Du, aber ich habe
mindestens genau soviel gelesen. Möchte
ich behaupten. Deine Noten helfen Dir jetzt,
jetzt hast Du gute Arbeitsmöglichkeiten und
neue Aufgaben vor Dir. Ich bleibe ewig
scheiternd, weil ich die Blockaden nicht
wegbekomme. Die Blockade mich nicht zu
trauen. Über heiße Kohlen gehen. Was für
eine absurde Idee. Wozu. Aber ich
bewundere diese Kraft, es zu wagen, den
ersten Schritt zu tun und sich mental zu
überlisten, das es feuchtes, nasses Moos
wäre. Toll, das es das gibt. Die Kraft über

sich hinauszuwachsen. Im Gefängnisleben braucht man das täglich, andauernd. Irgendwie kann man das auch sofort, weil man ja sonst die ganzen Qualen und Terrorprozeduren gar nicht überstehen könnte. Jesus, wann bin ich endlich bei Dir? Nach dem Schulabschluss wurde er in der kaufmännischen Geschäftsleitung der Sekte tätig. Trotz seiner rebellischen Haltung gegenüber der Sektenführung schaffte er es, seine Position innerhalb der Colonia auszubauen und zu festigen. Von dieser Stellung aus konnte er Einsicht nehmen in die Machenschaften der Gruppierung, die sich nach außen als karitative Gemeinschaft darstellte. Wegen seiner öffentlichen Kritik an der Wirtschaftskriminalität der Sekte wurde er mehrmals Opfer von Mordversuchen. Als ich das von Dir erfahren habe, wußte ich, wie gut Du das kannst, über heiße Kohlen gehen. Du bist wie Charly, den Rebell aus Hohenschönhausen. Du kannst das alles überleben und bringst Dich nicht um, weil Du ein Sieger Typ bist. Und weil Du sehr große Ziele hast und Ideologien. Ich habe begonnen die Geschichte der Utopie von

*Thomas Schölderle zu lesen. Durch Deine
große Kritik und Deine fundamentalen
Erkenntnisse über das Böse von
Machtstrukturen hast Du eine enorme Kraft
entwickelt, ein großer Politiker und Mann zu
werden. Aber Achtung. Du hast es auch in
Dir, die Macht zu manipulieren. Und dann
gleitet Dir alles aus den Händen. Ich habe
Angst und Sorge. Ich fürchte mich vor Dir
und doch mag ich es, wenn ich weiß, das es
Dir gut geht. Also, bitte pass- auf Dich auf!
Und melde Dich ab und zu. Ich werde einen
Blog für Dich einrichten für all Deine Fans
und Sympathisanten.
Zum Frühstück gab es Cornflakes mit Milch.
Also, ich bin jetzt eine AMEISE! Fühle mich
klein und sehr winzig. Gehe auf
Entdeckungsreise. Eines meiner
Lieblingsbeschäftigungen. Erinnerungen
wach halten!Auch nicht, wenn ich mich
verändere. Auch nicht, wenn Du Dich
veränderst. Nur wenn wir alle lernen die
Erinnerungen zu schätzen und zu wahren
und wenn wir lernen zu lernen und nicht zu
wiederholen, ich denke, nur dann haben wir
eine Chance zu ertragen.
andere Kollegen und Kämpfer. Ich glaube*

*nicht an den Himmel, aber an Legenden und
an Gedanken, sowie Träume, die bleiben.*

*Impressum:
Bod Projekt 35 25 28
ISBN: 9783734722752*

*Malen Radi
meranfeelings@gmail.com*
Copyright

*It-39012 Meran
Plankensteinstrasse 8*

*Bildmaterial:
by
Penelope Hagedorn
Copyright*

*Unterstützt von der ZÜP- Company
München*

Franz Kafka
(Weitergeleitet von Kafka)
Kafka ist eine Weiterleitung auf diesen Artikel. Weitere Bedeutungen sind unter Kafka (Begriffsklärung) aufgeführt.

Franz Kafka (um 1906)
Franz Kafka (jüdischer Name: אנשל,
*Anschel; * 3. Juli 1883 in Prag, Österreich–Ungarn; † 3. Juni 1924 in Klosterneuburg–Kierling, Österreich) war ein deutschsprachiger Schriftsteller. Sein Hauptwerk bilden neben drei Romanfragmenten (Der Process, Das Schloss und Der Verschollene) zahlreiche Erzählungen.*
Kafkas Werke wurden zum größeren Teil erst nach seinem Tod und gegen seine letztwillige Verfügung von Max Brod veröffentlicht, einem engen Freund und Vertrauten, den Kafka als Nachlassverwalter bestimmt hatte. Kafkas Werke zählen unbestritten zum Kanon der Weltliteratur.
Inhaltsverzeichnis [Verbergen]
1 Leben
1.1 Herkunft

196

19 Anmerkungen
Leben [Bearbeiten]
Herkunft [Bearbeiten]

Kafkas Schwestern: v. l. Valli, Elli, Ottla

Franz Kafka, etwa fünf Jahre alt
Franz Kafkas Eltern Hermann Kafka (1852–1931) und Julie Kafka, geborene Löwy (1856–1934) entstammten bürgerlichen jüdischen Kaufmannsfamilien [1]. Der Name leitet sich offensichtlich vom Namen des Vogels Dohle, tschechisch kavka, polnisch kawka ab. [2] Der Vater kam aus dem Dorf Wosek in Südböhmen, wo er in einfachen Verhältnissen aufwuchs. Er musste als Kind die Waren seines Vaters, des Schächters Jakob Kafka (1814–1889), in umliegende Dörfer ausliefern. Später arbeitete er als reisender Vertreter, dann als selbstständiger Grossist mit Galanteriewaren in Prag.
Julie Kafka gehörte einer wohlhabenden Familie aus Podiebrad an, verfügte über eine umfassendere Bildung als ihr Mann und hatte Mitspracherecht in dessen Geschäft, in dem sie täglich bis zu zwölf Stunden

arbeitete. *Neben den Brüdern Georg und Heinrich, die bereits als Kleinkinder verstarben, hatte Franz Kafka drei Schwestern, die später deportiert wurden, vermutlich in Konzentrationslager oder Ghettos, wo sich ihre Spuren verlieren: Gabriele, genannt Elli (1889–1941?), Valerie, genannt Valli (1890–1942?), und Ottilie „Ottla" Kafka (1892–1943?). Da die Eltern tagsüber abwesend waren, wurden alle Geschwister im Wesentlichen von wechselndem, ausschließlich weiblichem Dienstpersonal aufgezogen. Kafka gehörte zur Minderheit der Bevölkerung Prags, deren Muttersprache Deutsch war. Außerdem beherrschte er wie seine Eltern Tschechisch.*

Während sich Kafka in Briefen, Tagebüchern und Prosatexten umfangreich mit seinem Verhältnis zum Vater auseinandersetzte, stand die Beziehung zu seiner Mutter eher im Hintergrund. Allerdings gibt es gerade aus der mütterlichen Linie eine große Anzahl von Verwandten, die sich in Kafkas Figuren wiederfinden, [3] zu nennen sind hier Junggesellen, Sonderlinge, Talmudkundige und explizit der Landarzt Onkel Siegfried Löwy, der Vorbild für die Erzählung *Ein Landarzt* war.

Kindheit, Jugend und Ausbildung [Bearbeiten]

Von 1889 bis 1893 besuchte Kafka die Deutsche Knabenschule am Fleischmarkt in Prag. Anschließend ging er, entsprechend dem väterlichen Wunsch, auf das ebenfalls deutschsprachige humanistische Staatsgymnasium in der Prager Altstadt, Palais Goltz-Kinsky, das sich im selben Gebäude wie das Galanteriegeschäft der Eltern befand. [4] Zu seinen Freunden in der Oberschulzeit gehörten Rudolf Illowý, Hugo Bergmann, Ewald Felix Příbram, in dessen Vaters Versicherung er später arbeiten sollte, Paul Kisch sowie Oskar Pollak, mit dem er bis in die Universitätszeit befreundet blieb.

Obwohl Kafka ein guter Schüler war, quälten ihn in seiner ganzen Schulzeit erhebliche Versagensängste, die auch durch das schulische Fortkommen nicht zu mindern waren. [5]

Kafka als Schüler (vor 1900)

Schon als Schüler beschäftigte sich Kafka mit Literatur. Seine frühen Versuche sind jedoch verschollen, vermutlich hat er sie vernichtet, ebenso wie die frühen Tagebücher. 1899 wandte sich der sechzehnjährige Kafka dem Sozialismus zu. Obwohl sein Freund und politischer Mentor, Rudolf Illowy, wegen sozialistischer Umtriebe von der Schule flog, blieb Kafka seiner Überzeugung treu und trug die rote Nelke am Knopfloch. [6] Nach Ablegung der Reifeprüfung (Matura) im Jahre 1901 mit „befriedigend" verließ der 18-Jährige zum ersten Mal in seinem Leben Böhmen und reiste mit seinem Onkel Siegfried Löwy nach Norderney und Helgoland. Das Universitätsstudium, von 1901 bis 1906 an der Karl-Ferdinands-Universität zu Prag, begann Kafka zunächst mit Chemie; nach kurzer Zeit wechselte er in die juristische Richtung; sodann probierte er es mit einem Semester Germanistik und Kunstgeschichte. Im Sommersemester 1902 hörte Kafka Anton Martys Vorlesung über Grundfragen der deskriptiven Psychologie. [7] Dann erwog er sogar die Fortsetzung des

Studiums in München, um schließlich doch beim Studium der Rechte zu bleiben. Programmgemäß schloss er dieses nach fünf Jahren mit der Promotion bei Alfred Weber ab, worauf ein obligatorisches einjähriges unbezahltes Rechtspraktikum am Landes- und Strafgericht folgte.[8]

Berufsleben [Bearbeiten]

Nach einer knapp einjährigen Anstellung bei der privaten Versicherungsgesellschaft „Assicurazioni Generali" (Oktober 1907 bis Juli 1908) arbeitete Kafka von 1908 bis 1922 in der halbstaatlichen „Arbeiter- Unfallversicherungs-Anstalt für das Königreich Böhmen in Prag". Seinen Dienst bezeichnete er oft als „Brotberuf".

Kafkas Tätigkeit bedingte genaue Kenntnisse der industriellen Produktion und Technik. Der 25-Jährige machte Vorschläge zu Unfallverhütungsvorschriften. Außerhalb seines Dienstes solidarisierte er sich politisch mit der Arbeiterschaft; auf Demonstrationen, denen er als Passant beiwohnte, trug er weiterhin eine rote Nelke im Knopfloch. Anfangs arbeitete er in der Unfallabteilung, später wurde er in die versicherungstechnische Abteilung versetzt.

Seit 1910 gehörte Kafka als Konzipist –
vergleichbar einem heutigen Referendar –
zur Betriebsabteilung, nachdem er sich
durch den Besuch von Vorlesungen über
„Mechanische Technologie" an der
Technischen Hochschule in Prag auf diese
Position vorbereitet hatte. Kafka stellte
Bescheide aus und brachte diese auf den
Weg, wenn es alle fünf Jahre galt,
versicherte Betriebe in Gefahrenklassen
einzuteilen. Von 1908 bis 1916 wurde er
immer wieder zu kurzen Dienstreisen nach
Nordböhmen geschickt; häufig war er in der
Bezirkshauptmannschaft Reichenberg, dem
heutigen Liberec. Dort besichtigte er
Unternehmen, referierte vor Unternehmern
und nahm Gerichtstermine wahr. Als
„Versicherungsschriftsteller" verfasste er
Beiträge für die jährlich erscheinenden
Rechenschaftsberichte.
In Anerkennung seiner Leistungen wurde
Kafka vier Mal befördert, 1910 zum
Konzipisten, 1913 zum Vizesekretär, 1920
zum Sekretär, 1922 zum Obersekretär. Zu
seinem Arbeitsleben vermerkt Kafka in
einem Brief: „Über die Arbeit klage ich
nicht so, wie über die Faulheit der

*sumpfigen Zeit". Der „Druck" der
Bürostunden, das Starren auf die Uhr, der
„alle Wirkung" zugeschrieben wird, und die
letzte Arbeitsminute als „Sprungbrett der
Lustigkeit" – so sah Kafka den Dienst. An
Milena Jesenská schrieb er: „Mein Dienst ist
lächerlich und kläglich leicht [···] ich weiß
nicht wofür ich das Geld bekomme".
Als bedrückend empfand Kafka auch sein
(von der Familie erwartetes) Engagement in
den elterlichen Geschäften, zu denen 1911
die Asbestfabrik des Schwagers
hinzugekommen war, die nie recht florieren
wollte und die Kafka zu ignorieren suchte,
obwohl er sich zu ihrem stillen Teilhaber
hatte machen lassen. Kafkas ruhiger und
persönlicher Umgang mit den Arbeitern hob
sich vom herablassenden Chefgebaren
seines Vaters demonstrativ ab.
Der Weltkrieg brachte neue Erfahrungen,
als Tausende von ostjüdischen Flüchtlingen
nach Prag gelangten. Im Rahmen der
„Kriegerfürsorge" kümmerte sich Kafka um
die Rehabilitation und berufliche
Umschulung von Schwerverwundeten. [9]
Dazu war er von seiner
Versicherungsanstalt verpflichtet worden;*

zuvor hatte ihn diese allerdings als
„unersetzliche Fachkraft" reklamiert und
damit (gegen Kafkas Intervention) vor der
Front geschützt, nachdem er 1915 erstmals
als militärisch „voll verwendungsfähig"
eingestuft worden war. Die Kehrseite dieser
Wertschätzung erlebte Kafka zwei Jahre
später, als er an Lungentuberkulose
erkrankte und um Pensionierung bat: Die
Anstalt sperrte sich und gab ihn erst nach
fünf Jahren am 1. Juli 1922 endgültig frei.
Vaterbeziehung [Bearbeiten]

Scan der ersten Seite der Handschrift von
Kafkas Brief an den Vater
Das konfliktreiche Verhältnis zu seinem
Vater gehört zu den zentralen und
prägenden Motiven in Kafkas Werk.
Selbst feinfühlig, zurückhaltend, ja scheu
und nachdenklich, beschreibt Franz Kafka
seinen Vater, der sich aus armen
Verhältnissen hoch gearbeitet und es kraft
eigener Anstrengung zu etwas gebracht
hatte, als durch und durch lebenstüchtige
und zupackende, aber eben auch grobe,
polternde, selbstgerechte und despotische
Kaufmannsnatur. Regelmäßig beklagt

Hermann Kafka in heftigen Tiraden seine
eigene karge Jugend und die gut versorgte
Existenz seiner Nachfahren und
Angestellten, die er allein unter Mühen
sicherstellt. [10]
Die aus gebildeten Verhältnissen
stammende Mutter hätte einen Gegenpol zu
ihrem grobschlächtigen Mann bilden können,
aber sie tolerierte – den Gesetzen des
Patriarchats treu – dessen Werte und
Urteile.
Im Brief an den Vater wirft Kafka diesem
vor, eine tyrannische Macht beansprucht zu
haben: „Du kannst ein Kind nur so
behandeln, wie Du eben selbst geschaffen
bist, mit Kraft, Lärm und Jähzorn und in
diesem Fall schien Dir das auch noch
überdies deshalb sehr gut geeignet, weil Du
einen kräftigen mutigen Jungen in mir
aufziehen wolltest."
In Kafkas Erzählungen wird der Patriarch
nicht nur als mächtig, sondern auch als
ungerecht dargestellt; so in der Novelle Die
Verwandlung, in der der zu einem
Ungeziefer verwandelte Gregor von seinem
Vater mit Äpfeln beworfen und dabei tödlich
verletzt wird. Die Figur des Vaters –

mächtig und furchterregend – ist es auch,
die in der Kurzgeschichte Das Urteil den
Sohn Georg Bendemann zum „Tode des
Ertrinkens" verurteilt – ein Urteil, das
Georg in vorauseilendem Gehorsam an sich
selbst vollzieht, indem er von einer Brücke
springt.

Freundschaften[Bearbeiten]

Franz Kafkas Zeichnungen in „transition",
Nr. 27 (1938)
Kafka hatte in Prag einen konstanten Kreis
etwa gleichaltriger Freunde, der sich
während der ersten Universitätsjahre
bildete (Prager Kreis). Neben Max Brod
waren dies der spätere Philosoph Felix
Weltsch und die angehenden Schriftsteller
Oskar Baum und Franz Werfel.
Brod war der erste, der Kafkas Genie
frühzeitig erkannte und förderte und seinem
Freund die erste Buchpublikation beim
jungen Leipziger Rowohlt Verlag
vermittelte.[11] Als Kafkas
Nachlassverwalter verhinderte Brod gegen
dessen Willen die Verbrennung seiner
Romanfragmente.
Unter den Freunden Kafkas findet sich auch

Jizchak Löwy, ein Schauspieler aus einer chassidischen Warschauer Familie, der Kafka durch seine Kompromisslosigkeit beeindruckte, mit der er seine künstlerischen Interessen gegen die Erwartungen seiner orthodox-religiösen Eltern durchsetzte. Löwy erscheint als Erzähler in Kafkas Fragment Vom jüdischen Theater.
Die engste familiäre Beziehung hatte Kafka zu seiner jüngsten Schwester Ottla. Sie war es, die dem Bruder beistand, als er schwer erkrankte und dringend Hilfe und Erholung brauchte.
Beziehungen [Bearbeiten]

Kafka (1923)
Kafka hatte ein zwiespältiges Verhältnis zu Frauen. Einerseits fühlte er sich von ihnen angezogen, andererseits floh er vor ihnen. Auf jeden seiner Eroberungsschritte folgte eine Abwehrreaktion. Kafkas Briefe und Tagebucheintragungen vermitteln den Eindruck, sein Liebesleben habe sich im Wesentlichen als postalisches Konstrukt vollzogen. Seine Produktion an Liebesbriefen steigerte sich auf bis zu drei

täglich an Felice Bauer. Dass er bis zuletzt
unverheiratet blieb, trug ihm die
Bezeichnung „Junggeselle der Weltliteratur"
ein.[12]
Als Ursachen für Kafkas Bindungsangst
vermutet man in der Literatur neben seiner
mönchischen Arbeitsweise (er stand unter
dem Zwang, allein und bindungslos zu sein,
um schreiben zu können) auch Impotenz
(Louis Begley) und Homosexualität (Saul
Friedländer).
Kafkas erste Liebe war die 1888 in Wien
geborene, fünf Jahre jüngere Abiturientin
Hedwig Therese Weiler. Kafka lernte
Hedwig im Sommer 1907 in Triesch bei
Iglau (Mähren) kennen, wo die beiden ihre
Ferien bei Verwandten verbrachten.
Obschon die Urlaubsbekanntschaft einen
Briefwechsel nach sich zog, blieben weitere
Begegnungen aus.[13]
Felice Bauer, die aus kleinbürgerlichen
jüdischen Verhältnissen stammte, und Kafka
trafen sich erstmals am 28. August 1912 in
der Wohnung seines Freundes Brod.[14]
Die Briefe an Felice umkreisen vor allem
eine Frage: Heiraten oder sich in
selbstgewählter Askese dem Schreiben

*widmen? Nach insgesamt rund dreihundert
Schreiben und sechs kurzen Begegnungen
kam es im Juni 1914 zur offiziellen
Verlobung in Berlin – doch schon sechs
Wochen darauf zur Entlobung. Diese war
das Ergebnis einer folgenschweren
Aussprache am 12. Juli 1914 im Berliner
Hotel „Askanischer Hof" zwischen ihm und
Felice, unter Anwesenheit von Felices
Schwester Erna und Grete Bloch. Bei dieser
Zusammenkunft wurde Kafka mit brieflichen
Äußerungen konfrontiert, die er gegenüber
Grete Bloch gemacht hatte und die ihn als
Heiratsunwilligen bloßstellten.[15] In seinen
Tagebüchern spricht Kafka vom
„Gerichtshof im Hotel".[16] Er lieferte
Reiner Stach zufolge die entscheidenden
Bilder und Szenen für den Roman Der
Process.[17] Es folgte jedoch ein zweites
Eheversprechen während eines
gemeinsamen Aufenthalts in Marienbad im
Juli 1916, bei dem beide eine engere und
beglückende intime Beziehung eingingen.
[18] Aber auch dieses Verlöbnis wurde –
nach Ausbruch von Kafkas Tuberkulose
(Sommer 1917) – wieder gelöst.
Nach dem endgültigen Bruch mit Felice*

verlobte sich Kafka 1919 erneut, diesmal
mit Julie Wohryzek, der Tochter eines
Prager Schusters. Er hatte sie während
eines Kur–Aufenthalts in der Pension Stüdl
im 30 Kilometer von Prag entfernten Dorf
Schelesen (Želízy) kennengelernt.[19] In
einem Brief an Max Brod beschrieb er sie
als „eine gewöhnliche und eine erstaunliche
Erscheinung. [···] Besitzerin einer
unerschöpflichen und unaufhaltbaren Menge
der frechsten Jargonausdrücke, im ganzen
sehr unwissend, mehr lustig als traurig".
[20] Auch dieses Eheversprechen blieb
unerfüllt. Im Laufe des ersten, gemeinsam
verbrachten Nachkriegssommers wurde ein
Hochzeitstermin festgelegt, jedoch wegen
der Schwierigkeiten bei der Wohnungssuche
in Prag verschoben. Im folgenden Jahr
trennten sich beide. Ein Grund mag die
Bekanntschaft zu Milena Jesenská gewesen
sein, der ersten Übersetzerin seiner Texte
ins Tschechische.
Die aus Prag stammende Journalistin war
eine lebhafte, selbstbewusste, moderne,
emanzipierte Frau von 24 Jahren. Sie lebte
in Wien und befand sich in einer
auseinandergehenden Ehe mit dem Prager

Schriftsteller Ernst Pollak. Nach ersten Briefkontakten kam es zu einem Besuch Kafkas in Wien. Voller Begeisterung berichtete der Zurückgekehrte seinem Freund Brod von der viertägigen Begegnung, aus der sich eine Beziehung mit einigen Begegnungen und vor allem einem umfangreichen Briefwechsel entwickelte. Doch wie schon bei Felice wiederholte sich auch bei Milena das alte Muster: Auf Annäherung und eingebildete Zusammengehörigkeit[21] folgten Zweifel und Rückzug. Kafka beendete schließlich die Beziehung im November 1920, woraufhin auch der Briefwechsel abrupt abbrach. Der freundschaftliche Kontakt zwischen beiden riss allerdings bis zu Kafkas Tod nicht ab. Im Inflationsjahr 1923 schließlich lernte Kafka im Ostseeheilbad Graal-Müritz Dora Diamant kennen. Im September 1923 zogen sie nach Berlin und schmiedeten Heiratspläne, die zunächst am Widerstand von Diamants Vater und schließlich an Kafkas Gesundheitszustand scheiterten. Nachdem er im April 1924 sich schwerkrank in ein kleines privates Sanatorium im Dorf Kierling bei Klosterneuburg zurückgezogen hatte, wurde er dort von der mittellosen Dora, die auf materielle Unterstützung aus dem Familien- und Bekanntenkreis Kafkas angewiesen war, bis zu seinem Tod am 3. Juni 1924 gepflegt.[22]

„Das Urteil"[Bearbeiten]

Gedenktafel am Haus, Grunewaldstraße 13, in Berlin-Steglitz
→ Hauptartikel: Das Urteil (Kafka)
In der Nacht vom 22. zum 23. September 1912 gelang es Kafka, die Erzählung Das Urteil in nur acht Stunden in einem Zuge zu Papier zu bringen. Im späteren Urteil der Literaturwissenschaft hat Kafka hier mit einem Schlag thematisch und stilistisch zu sich selbst gefunden. Kafka war elektrisiert durch den noch nie so intensiv erlebten Akt des Schreibens („Nur so kann geschrieben werden, nur in einem solchen Zusammenhang, mit solcher vollständigen Öffnung des Leibes und der Seele"). Auch die unverminderte Wirkung der Geschichte nach wiederholtem (eigenem) Vorlesen – nicht nur auf die Zuhörer, sondern auch auf ihn selbst – bestärkte in ihm das Bewusstsein, Schriftsteller zu sein.

Das Urteil leitete Kafkas erste längere Kreativphase ein; die zweite folgte rund zwei Jahre später. In der Zwischenzeit litt Kafka volle eineinhalb Jahre, wie später auch, unter einer Periode der literarischen Dürre. Allein schon deshalb blieb für ihn eine Existenz als „bürgerlicher Schriftsteller", der mit seinem Schaffen sich und dazu noch eine eigene Familie ernähren kann, zeitlebens in unerreichbarer Ferne. Seine beruflichen Verpflichtungen können als Schreibhindernisse nicht allein der Grund gewesen sein, hatte Kafka seine kreativen Hochphasen oft gerade in Zeiten äußerer Krisen bzw. Verschlechterungen der allgemeinen Lebensverhältnisse (etwa im zweiten Halbjahr von 1914 durch den Kriegsausbruch). Überdies wusste Kafka mit seiner Strategie des „Manöver-Lebens" – was hieß: vormittags Bürostunden, nachmittags Schlafen, nachts Schreiben – seinen Freiraum auch zu verteidigen. Einer anderen gängigen These zufolge war Kafkas Leben und Schreiben nach der Entstehung des Urteils dadurch gekennzeichnet, dass er dem gewöhnlichen Leben entsagte, um sich ganz dem

Schreiben zu widmen. Für diese stilisierte
Opferung des Lebens liefert er selbst in den
Tagebüchern und Briefen reichlich Material.
Anders als beim Urteil war allerdings das
künftige Schreiben für ihn häufig quälend
und stockend; dies gibt folgende
Tagebuchaufzeichnung wieder:
„Kein Wort fast, das ich schreibe, passt zum
anderen, ich höre, wie sich die Konsonanten
blechern aneinanderreihen und die Vokale
singen dazu wie Ausstellungsneger. Meine
Zweifel stehen um jedes Wort im Kreis
herum, ich sehe sie früher als das Wort,
aber was denn! Ich sehe das Wort überhaupt
nicht, das erfinde ich." [23]
Judentum und Palästina-Frage [Bearbeiten]
Durch seinen Bekanntenkreis und
vornehmlich durch Max Brods Engagement
für den Zionismus wurde Kafka häufig mit
der Frage nach seinem Verhältnis zum
Judentum und mit den Kontroversen über
die Assimilation der westlichen Juden
konfrontiert. Seine Sympathie für die
ostjüdische Kultur ist mehrfach
dokumentiert. Als Schriftsteller belegte er
alles „explizit Jüdische [⋯] mit einem Tabu:
der Begriff kommt in seinem literarischen

Werk nicht vor". [24] Gleichwohl interpretiert sein Biograph Reiner Stach die Lufthunde in Kafkas Parabel Forschungen eines Hundes als das jüdische Volk in der Diaspora. [25] Zeitweise war Kafka entschlossen, nach Palästina auszuwandern und lernte intensiv Hebräisch. Sein sich verschlechternder Gesundheitszustand hinderte ihn an der 1923 ernsthaft geplanten Übersiedlung nach Palästina. Reiner Stach resümiert: „Palästina blieb ein Traum, den sein Körper schließlich zunichte machte." [26]

Krankheit und Tod[Bearbeiten]

Grab von Franz Kafka auf dem Neuen jüdischen Friedhof in Prag–Strašnice Im August 1917 erlitt Franz Kafka einen nächtlichen Blutsturz, es wurde eine Lungentuberkulose festgestellt, eine Erkrankung, die zur damaligen Zeit nicht heilbar war. Die Symptome besserten sich zunächst wieder, doch im Herbst 1918 erkrankte er an der Spanischen Grippe, die eine mehrwöchige Lungenentzündung nach sich zog. Danach verschlechterte sich Kafkas Gesundheitszustand von Jahr zu

Jahr, trotz zahlreicher langer Kuraufenthalte, u. a. in Schelesen (Böhmen), Tatranské Matliare (heute Slowakei), Riva del Garda (Trentino im Sanatorium Dr. von Hartungen), Graal-Müritz (1923).[27] Während seines Aufenthaltes in Berlin 1923/24 griff die Tuberkulose auch auf den Kehlkopf über, Kafka verlor allmählich sein Sprechvermögen und konnte nur noch unter Schmerzen Nahrung und Flüssigkeit zu sich nehmen. Während eines Aufenthalts im Sanatorium Wienerwald im April 1924 wurde von Dr. Hugo Kraus, einem Familienfreund und Leiter der Lungenheilanstalt, definitiv Kehlkopftuberkulose diagnostiziert. Infolge der fortschreitenden Auszehrung konnten die Symptome nur noch gelindert werden; ein operativer Eingriff war wegen des schlechten Allgemeinzustands nicht mehr möglich. Franz Kafka reiste ab und starb am 3. Juni 1924 im Sanatorium Kierling bei Klosterneuburg im Alter von 40 Jahren. Als offizielle Todesursache wurde Herzversagen festgestellt. Begraben wurde er auf dem Neuen Jüdischen Friedhof in Prag-Strašnice.[28] Der schlanke kubistische Grabstein von Dr. Franz Kafka und seinen Eltern mit Inschriften in deutscher und hebräischer Sprache befindet sich rechts vom Eingang, etwa 200 Meter vom Pförtnerhaus entfernt. An der dem Grab gegenüber liegenden Friedhofswand erinnert eine Gedenktafel in tschechischer Sprache an Dr. Max Brod.[29]

Zur Frage der Nationalität[Bearbeiten]

Kafka verbrachte den Hauptteil seines Lebens in Prag, das bis 1918 zum Vielvölkerstaat der k.u.k. Monarchie Österreich-Ungarn gehörte und nach dem Ersten Weltkrieg Hauptstadt der neu gegründeten Tschechoslowakei wurde. Der Schriftsteller selbst bezeichnete sich in einem Brief als deutschen Muttersprachler („Deutsch ist meine Muttersprache, aber das Tschechische geht mir zu Herzen").[30] Die deutschsprachige Bevölkerung in Prag, die etwa sieben Prozent ausmachte, lebte in einer „inselhaften Abgeschlossenheit"[31] mit ihrer auch als „Pragerdeutsch"[32] bezeichneten Sprache. Diese Isoliertheit meinte Kafka auch, wenn er in dem bereits zitierten Brief schrieb: „Ich habe niemals unter deutschem Volk gelebt."[33] Zudem

gehörte er der jüdischen Minderheit an.
Schon in der Schule gab es heftige
Auseinandersetzungen zwischen
tschechisch- und deutschsprachigen
Pragern.[34] Das politische Deutsche Reich
blieb für Kafka – etwa während des Ersten
Weltkriegs – weit entfernt und fand keinen
Niederschlag in seinem Werk. Auch Belege
für die Selbstsicht einer österreichischen
Nationalität lassen sich nicht finden. Ebenso
wenig hatte Kafka einen Bezug zur 1918
gegründeten Tschechoslowakei. Im
Unterschied zu seinen deutschböhmischen
Vorgesetzten behielt Kafka aufgrund seiner
Kenntnis der tschechischen Sprache und
seiner politischen Zurückhaltung aber nach
1918 seine Stellung in der Arbeiter-
Versicherungs-Anstalt und wurde sogar
befördert.[35] Im amtlichen Schriftverkehr
in tschechischer Sprache verwendete er
seitdem auch die tschechische Namensform
František Kafka, soweit er den Vornamen
nicht, wie meist, abkürzte.[36]
Einflüsse[Bearbeiten]
Aus der Literatur, Philosophie, Psychologie
und Religion[Bearbeiten]
Kafka sah in Grillparzer, Kleist, Flaubert

und Dostojewski seine literarischen
„Blutsbrüder". [37]
Nabokov zufolge übte Flaubert den größten
stilistischen Einfluss auf Kafka aus; wie
dieser habe Kafka wohlgefällige Prosa
verabscheut; stattdessen habe er die
Sprache als Werkzeug benutzt: „Gern
entnahm er seine Begriffe dem Wortschatz
der Juristen und Naturwissenschaftler und
verlieh ihnen eine gewisse ironische
Genauigkeit, ein Verfahren, mit dem auch
Flaubert eine einzigartige dichterische
Wirkung erzielt hatte. " [38]
Als Maturant (Abiturient) beschäftigte sich
Kafka intensiv mit Nietzsche. [39]
Besonders Also sprach Zarathustra scheint
ihn gefesselt zu haben. [40]
Zu Kierkegaard schreibt Kafka in seinem
Tagebuch: „Er bestätigt mich wie ein
Freund. " [41]
Sigmund Freuds Theorien zum ödipalen
Konflikt und zur Paranoia dürften Kafka
zwar zeitbedingt zu Ohren gekommen sein,
er scheint sich aber für diese Themen nicht
interessiert zu haben. [42]
Kafka hat sich durch umfangreiche Lektüre
intensiv mit der jüdischen Religion

auseinandergesetzt. *[43] Besonders interessierten ihn religiöse Sagen, Geschichten und Handlungsanleitungen, die ursprünglich mündlich überliefert wurden.*

[44]
Aus dem Kino, dem jiddischen Theater und aus Vergnügungseinrichtungen [Bearbeiten] In einem Brief vom Dezember 1908 äußert Kafka: „··· wie könnten wir uns sonst am Leben erhalten für den Kinematographen". [45] Er schreibt 1919 an seine zweite Verlobte Julie Wohryzek, er sei „verliebt in das Kino". Kafka war aber offensichtlich weniger beeindruckt von Filmhandlungen (entsprechende Äußerungen fehlen in seinen Schriften); vielmehr geben seine Texte selbst eine filmtechnische Sichtweise wieder. Sein Erzählen entwickelt seinen besonderen Charakter durch die Verarbeitung filmischer Bewegungsmuster und Sujets. [46] Es lebt aus den grotesken Bildfolgen und Übertreibungen des frühen Kinos, die literarisch verdichtet hier sprachlich auftreten. Der Film ist in Kafkas Geschichten allgegenwärtig: im Rhythmus des großstädtischen Verkehrs, in Verfolgungsjagden und Doppelgänger–

Szenen und in Gebärden der Angst. Diese Elemente sind besonders im Romanfragment Der Verschollene zu finden. Auch in den deftigen Vorführungen des jiddischen Theaters aus Lemberg, die Kafka oft besuchte und mit dessen Mitgliedern er befreundet war, waren viele der genannten Elemente enthalten; Kafka hatte hier einen starken Eindruck von Authentizität.[47] Von Kafkas Interesse an jiddischer Sprache und Kultur in Osteuropa zeugen zwei kleine Werke aus dem Nachlass, nämlich Vom jüdischen Theater und Einleitungsvortrag über Jargon.

Bis ca. 1912 hat Kafka auch rege am Nachtleben mit Kleinkunstdarbietungen teilgenommen. Hierzu gehörten Besuche in Cabarets, Bordellen, Varietés u. ä.[48] Eine Reihe seiner späten Erzählungen sind in diesem Milieu angesiedelt; siehe Erstes Leid, Ein Bericht für eine Akademie, Ein Hungerkünstler, Josefine, die Sängerin oder Das Volk der Mäuse.

Werke und Einordnung [Bearbeiten]

Die Romanfragmente [Bearbeiten]

Wie in einem Albtraum bewegen sich Kafkas Protagonisten durch ein Labyrinth undurchsichtiger Verhältnisse und sind anonymen Mächten ausgeliefert. Die Literaturkritik spricht von einer „Traumlogik". [49] Die Gerichtsgebäude in Der Process bestehen aus einem weit verzweigten Gewirr unübersichtlicher Räume, und auch in Der Verschollene (von Brod unter dem Titel Amerika veröffentlicht) sind die seltsam unverbundenen Schauplätze – u. a. ein Schiff, ein Hotel, das „Naturtheater von Oklahoma", sowie die Wohnung des Onkels von Karl Roßmann, des Helden – gigantisch und unüberschaubar. Insbesondere bleiben auch die Beziehungen der handelnden Personen ungeklärt. Im Schloss erzeugt Kafka Zweifel an der Stellung des Protagonisten K. als „Landvermesser" und dem Inhalt dieses Begriffes selbst und schafft so Interpretationsspielraum. Nur bruchstückhaft erfährt K. und mit ihm der Leser im Laufe des Romans mehr über die Beamten des Schlosses und ihre Beziehungen zu den Dorfbewohnern. Die allgegenwärtige, aber gleichzeitig unzugängliche, faszinierende und bedrückende Macht des Schlosses über das Dorf und seine Menschen wird dabei immer deutlicher. Trotz all seiner Bemühungen, in dieser Welt heimisch zu werden und seine Situation zu klären, erhält K. keinen Zugang zu den maßgeblichen Stellen in der Schlossverwaltung, wie auch der Angeklagte Josef K. im Process niemals auch nur die Anklageschrift zu Gesicht bekommt.

Nur im Romanfragment Der Verschollene – auch Das Schloss und Der Process blieben unvollendet –, bleibt die vage Hoffnung, dass Roßmann im fast grenzenlosen, paradiesischen „Naturtheater von Oklahoma" dauerhaft Geborgenheit finden kann.

Die Erzählungen [Bearbeiten]

In vielen Erzählungen Kafkas, z. B. Der Bau, Forschungen eines Hundes, Kleine Fabel ist das Scheitern und das vergebliche Streben der Figuren das beherrschende Thema, das oft tragisch-ernst, manchmal aber auch mit einer gewissen Komik dargestellt wird.

Ein fast durchgängiges Thema ist das verborgene Gesetz, gegen das der jeweilige Protagonist unwillentlich verstößt oder das

*er nicht erreicht (Vor dem Gesetz, In der
Strafkolonie, Der Schlag ans Hoftor, Zur
Frage der Gesetze). Das Motiv des dem
Protagonisten verborgenen Codes, der die
Abläufe beherrscht, findet sich in den
Romanfragmenten Process und Schloss und
in zahlreichen Erzählungen.
In seinem unvergleichlichen Stil, vor allem
in seinen Erzählungen, beschreibt Kafka
äußerst deutlich und nüchtern die
unglaublichsten Sachverhalte. Die kühle
minutiöse Beschreibung der scheinbar
legalen Grausamkeit In der Strafkolonie
oder die Verwandlung eines Menschen in
ein Tier und umgekehrt, wie in Die
Verwandlung oder Ein Bericht für eine
Akademie sind kennzeichnend. Mit seinem
Stil formt Kafka hier nicht einfach ein
Lebensgefühl nach, sondern schafft eine
eigene Welt mit eigenen Gesetzen, deren
Unvergleichlichkeit nicht zuletzt der Begriff
des „Kafkaesken" zu umschreiben versucht.
Rezeption[Bearbeiten]*

*Kafka-Denkmal von Jaroslav Róna zwischen
Heilig-Geist-Kirche und Spanischer
Synagoge in Prag*

Zu seinen Lebzeiten war Kafka der breiten Öffentlichkeit unbekannt.

Kafka haderte mit sich selbst. Seine Zweifel gingen so weit, dass er seinen Nachlassverwalter Brod anwies, die noch nicht veröffentlichten Texte (darunter die heute berühmten Romanfragmente) zu vernichten. In der zweiten an Brod gerichteten Verfügung vom 29. November 1922 erklärte Kafka:

„Von allem, was ich geschrieben habe, gelten nur die Bücher: Urteil, Heizer, Verwandlung, Strafkolonie, Landarzt und die Erzählung: Hungerkünstler. (Die paar Exemplare der ‚Betrachtung' mögen bleiben, ich will niemandem die Mühe des Einstampfens machen, aber neu gedruckt darf nichts daraus werden.) Wenn ich sage, daß jene 5 Bücher und die Erzählung gelten, so meine ich damit nicht, daß ich den Wunsch habe, sie mögen neu gedruckt und künftigen Zeiten überliefert werden, im Gegenteil, sollten sie ganz verloren gehn, entspricht dieses meinem eigentlichen Wunsch. Nur hindere ich, da sie schon einmal da sind, niemanden daran, sie zu erhalten, wenn er dazu Lust hat."

Heute besteht in literarischen Kreisen weitgehend Einigkeit, dass Brod eine segensreiche Entscheidung traf, als er den letzten Willen seines Freundes überging und dessen Werk publizierte. Einen nicht näher bestimmbaren Teil seiner Texte hat Kafka allerdings eigenhändig vernichtet, so dass Brod zu spät kam. Literaturkennern wie Robert Musil, Hermann Hesse, Walter Benjamin oder Kurt Tucholsky war Kafka bereits in den zwanziger Jahren ein Begriff. Weltruhm erlangte sein Werk erst nach 1945, zunächst in den USA und Frankreich, in den 50er-Jahren dann auch im deutschsprachigen Raum. Heute ist Kafka der meistgelesene Autor deutscher Sprache. [50] Die Kafka-Rezeption reicht bis ins triviale Alltagsleben hinein: So gab es seinerzeit einen Werbeslogan „Ich trinke Jägermeister, weil ich Kafkas Schloss nicht geknackt habe". In einem Gespräch mit Georges-Arthur Goldschmidt bezeichnet der Kafka-Biograph Reiner Stach Samuel Beckett als „Kafkas Erbe".[51] Im Mai 1963 hielt der tschechoslowakische Schriftstellerverband eine internationale

Kafka-Konferenz im Schloss Liblice bei
Prag ab, die sich mit dem damals im
Ostblock noch weitgehend abgelehnten
Schriftsteller sowie mit dem thematischen
Schwerpunkt Entfremdung beschäftigte. Die
Kafka-Konferenz gilt als ein Ausgangspunkt
des Prager Frühlings von 1967/68. Die
Bedeutung der Konferenz wurde im Jahr
2008 in einer weiteren Tagung
aufgearbeitet.

Erinnerungsplakette an Kafkas Geburtshaus
(von Karel Hladik)
Interpretation[Bearbeiten]
Die Deutungslust der Interpreten nach 1945
liegt vielleicht daran, dass seine Texte offen
und hermetisch zugleich sind: Einerseits
sind sie durch Sprache, Handlung,
Bildhaftigkeit und relativ geringen Umfang
leicht zugänglich; andererseits ist jedoch
ihre Tiefe kaum auszuloten. Albert Camus
meinte: „Es ist das Schicksal und vielleicht
auch die Größe dieses Werks, daß es alle
Möglichkeiten darbietet und keine
bestätigt." Theodor W. Adorno meint zu
Kafkas Werk: „Jeder Satz spricht: deute
mich, und keiner will es dulden."[52]

Abgesehen von der textimmanenten Kritik
weisen unterschiedliche Interpretationen
von Kafkas Werk u. a. in folgende
Richtungen: psychologisch (wie bei
entsprechenden Deutungen von Hamlet,
Faust oder Stiller), philosophisch (vor allem
zur Schule des Existenzialismus),
biographisch (z. B. durch Elias Canetti in
„Der andere Prozess"), religiös (ein
dominierender Aspekt der frühen Kafka-
Rezeption, der heute eher als fragwürdig
angesehen wird, u. a. von Milan Kundera)
und soziologisch (d. h. den
gesellschaftskritischen Gehalt
untersuchend). Eine wichtige Frage der
Interpretation der Werke Kafkas ist die nach
dem Einfluss der jüdischen Religion und
Kultur auf das Werk, die schon von
Gershom Scholem dahingehend beantwortet
wurde, dass Kafka eher der jüdischen als
der deutschen Literaturgeschichte
zuzuordnen sei. Dieser Deutungshinweis
wurde auf breiter Front von Karl E.
Grözinger in seiner Publikation „Kafka und
die Kabbala. Das Jüdische im Werk und
Denken von Franz Kafka." Berlin-Wien
2003, aufgenommen. Seine Forschungen

haben eine tiefe Verankerung ganzer
Romane wie Der Process oder Das Schloss
in der jüdisch religiösen Kultur gezeigt,
ohne die das Werk kaum adäquat verstanden
werden kann. Wenn auch von manchen
modernen Autoren bestritten, haben sich
Grözingers Auffassungen doch weithin
durchgesetzt.
Es mag auffallen, dass Kafka viele Figuren
seiner Texte in Bezug zum Christentum
bringt: [53] Im Process betrachtet Josef K.
vor seinem Tod sehr genau ein Bild von der
Grablegung Christi, und im Urteil wird
Georg Bendemann auf dem Weg zu seiner
Selbstopferung mit „Jesus!" angesprochen.
Im Schloss verbringt der Landvermesser K.
ähnlich wie Jesus die erste Nacht seines
(Roman-)Lebens in einem Gasthaus auf
einem Strohsack, und im selben Roman trägt
Barnabas, der von allen männlichen
Romanfiguren dem Landvermesser am
nächsten steht, den Namen eines Juden,
dem das Christentum wichtiger wurde als
das Judentum (Apostelgeschichte 13,2).
Besonders charakteristisch für Kafka sind
die auffallend häufigen Wiederholungen von
Motiven, vor allem in den Romanen und

vielen der wichtigsten Erzählungen, zum
Teil über alle Schaffensperioden hinweg.
Diese Wiederholungsmotive bilden eine Art
Netz über das gesamte Werk und können für
eine verbindliche Deutung desselben
fruchtbar gemacht werden. [54] Zwei der
wichtigsten Wiederholungsmotive sind das
Motiv „Bett" (unerwartbar häufiger
Aufenthalts- und Begegnungsort von
Figuren, an dem bzw. in dem für viele
Protagonisten der Texte das Unheil beginnt
und sich fortsetzt) und das Motiv „Türe" in
Form der Auseinandersetzung um ihr
Passieren (bekanntestes, aber eben bei
weitem nicht das einzige Beispiel ist das
Tor zum Gesetz im Text Vor dem Gesetz,
der sogenannten „Türhütergeschichte").
Ungeachtet der jeweiligen Interpretationen
wird zur Bezeichnung einer auf rätselhafte
Weise bedrohlichen[55] Atmosphäre der
Begriff des Kafkaesken verwendet, der laut
Kundera „als der einzige gemeinsame
Nenner von (sowohl literarischen als auch
wirklichen) Situationen zu sehen ist, die
durch kein anderes Wort zu charakterisieren
sind und für die weder Politikwissenschaft
noch Soziologie noch Psychologie einen

Schlüssel liefern. "

Wirkungsgeschichte [Bearbeiten]

Briefmarke, Deutsche Post AG (2008)
Kafka als verbotener Autor [Bearbeiten]
Während der Zeit von 1933 bis 1945 war
Kafka in der einschlägigen Liste verbotener
Autoren während der Zeit des
Nationalsozialismus als Erzeuger von
„schädlichem und unerwünschtem
Schriftgut" aufgeführt. Seine Werke fielen
wie viele andere den Bücherverbrennungen
zum Opfer. [56]
Die Kommunistische Partei der
Tschechoslowakei (KSČ) rehabilitierte
Kafka nach dem Zweiten Weltkrieg nicht,
sondern stufte ihn als dekadent ein. In dem
Roman Der Process fand man unerwünschte
Anklänge an die Denunziationen und
Schauprozesse in den Staaten des
Ostblocks. [57] Im Allgemeinen identifizierte
sich die Tschechoslowakei zur Zeit des
Kommunismus kaum mit Kafka, wohl auch,
weil er fast ausschließlich in deutscher
Sprache schrieb. Beim Kafka-Kongress von
1963 zum 80. Geburtstag des Schriftstellers
im Schloss Liblice wurde er von vielen

Rednern gewürdigt. Aber bereits 1968 nach der Niederschlagung des Prager Frühlings wurden seine Werke wieder verboten.
Heutiges Tschechien[Bearbeiten]
Mit der Öffnung Tschechiens zum Westen und dem Zustrom ausländischer Besucher wuchs Kafkas lokale Bedeutung. Die Prager Franz-Kafka-Gesellschaft widmet sich den Werken Kafkas und versucht, das jüdische Erbe Prags wiederzubeleben. Im Kafka-Jahr 2008 (125. Geburtstag) wurde Kafka von der Stadt Prag zur Förderung des Tourismus herausgestellt.[58] Es gibt viele Stätten zur Kafka-Begegnung, Buchläden und Souvenirartikel jeglicher Art. Seit 2005 zeigt das Kafka-Museum[59] auf der Prager Kleinseite (Cihelná 2b) die Ausstellung Die Stadt K. Franz Kafka und Prag.
Internationale Wirkung[Bearbeiten]
Bereits 1915 wurde Kafka indirekt mit dem „Theodor-Fontane-Preis für Kunst und Literatur" ausgezeichnet: Der offizielle Preisträger Carl Sternheim gab das Preisgeld an den noch weitestgehend unbekannten Kafka weiter.
Verbürgt ist der große Einfluss Kafkas auf

Gabriel García Márquez. Insbesondere von Kafkas Erzählung Die Verwandlung hat García Márquez nach eigener Bekundung den Mut für die Ausgestaltung seines „magischen Realismus" genommen: Gregor Samsas Erwachen als Käfer, so García Márquez selbst, habe seinem „Leben einen neuen Weg gewiesen, schon mit der ersten Zeile, die heute eine der berühmtesten der Weltliteratur ist". Kundera erinnert sich in seinem Werk Verratene Vermächtnisse (S. 55) an eine noch präzisere Auskunft von García Márquez zu dem Einfluss Kafkas auf ihn: „Kafka hat mir beigebracht, dass man anders schreiben kann." Kundera erläutert: „Anders: das hieß, indem man die Grenzen des Wahrscheinlichen überschreitet. Nicht (in der Art der Romantiker), um der wirklichen Welt zu entfliehen, sondern um sie besser zu verstehen."

Unter den zeitgenössischen Schriftstellern bezieht sich zudem Leslie Kaplan in ihren Romanen und in Aussagen zu ihrer Arbeitsweise ständig auf Kafka, um die Entfremdung des Menschen, die mörderische Bürokratie, aber auch den Freiheits-Spielraum, den vor allem das

Denken und Schreiben eröffnet,
darzustellen.
Auch abseits künstlerischer Kriterien findet
Kafka große Bewunderung. So ist für
Canetti Kafka deswegen ein großer Dichter,
weil er „unser Jahrhundert am reinsten
ausgedrückt hat".
Streit um die Handschriften [Bearbeiten]

„Jemand musste Josef K. verleumdet
haben···" – Anfang des Manuskripts zu Der
Process, 1914/15
Kafka hatte seinen Freund Max Brod vor
seinem Tod gebeten, den Großteil seiner
Handschriften zu vernichten. Brod
widersetzte sich diesem Willen jedoch und
sorgte dafür, dass viele von Kafkas
Schriften posthum veröffentlicht wurden.
1939, kurz vor dem Einmarsch der
deutschen Truppen in Prag, gelang es Brod,
die Handschriften nach Palästina zu retten.
1945 schenkte er sie seiner Sekretärin Ilse
Ester Hoffe, wie er auch schriftlich
festhielt: „Liebe Ester, Bereits im Jahre
1945 habe ich Dir alle Manuskripte und
Briefe Kafkas, die mir gehören, geschenkt."
Hoffe verkaufte einige dieser Handschriften,

*darunter Briefe und Postkarten, das
Manuskript zu Beschreibung eines Kampfes
(heute in Besitz des Verlegers Joachim
Unseld) und das Manuskript zum Roman Der
Process, das 1988 im Londoner
Auktionshaus Sotheby's für 3,5 Millionen
Mark an das Deutsche Literaturarchiv in
Marbach versteigert wurde. Die übrigen
Handschriften schenkte Hoffe noch zu
Lebzeiten ihren beiden Töchtern Eva und
Ruth Hoffe.
Nach dem Tod ihrer Mutter im Jahre 2009
vereinbarten Eva und Ruth Hoffe, die
Handschriften an das Literaturarchiv in
Marbach zu verkaufen, was zu einem Streit
zwischen den beiden Schwestern und dem
Literaturarchiv einerseits und dem Staat
Israel, der den rechtmäßigen Platz von
Kafkas Handschriften in der
Nationalbibliothek Israels sieht,
andererseits führte. Israel begründet seinen
Anspruch auf die Handschriften mit einem
Paragraphen aus Max Brods Testament
(„daß aber die im ersten Absatz angeführten
Manuskripte, Briefe und sonstige Papiere
und Urkunden der Bibliothek der
Hebräischen Universität Jerusalem oder der*

Staatlichen Bibliothek Tel Aviv oder einem anderen öffentlichen Archiv im Inland oder im Ausland zur Aufbewahrung übergeben werden sollen"), obwohl Ester Hoffe die Handschriften als Schenkung von Max Brod erhalten hatte und sie auch ihren Töchtern schenkte und nicht vererbte. Seit 1956 befinden sich sämtliche noch in Hoffes Besitz befindliche Handschriften in Banktresoren in Tel Aviv und Zürich. [60] Am 14. Oktober 2012 entschied ein israelisches Familiengericht, dass die Manuskripte nicht Eigentum der Schwestern Hoffe sind. Kafkas Nachlass soll an die israelische Nationalbibliothek gehen. Eva Hoffe kündigte an, in Berufung zu gehen.

Werke [Bearbeiten]

Bei kursiv gedruckten Titeln handelt es sich um Bücher, die gesammelte Prosatexte enthalten. Die in einer Sammlung enthaltenen Werke sind im Artikel zum Sammelband aufgeführt.

Zu Lebzeiten veröffentlicht [Bearbeiten]

1909 – Ein Damenbrevier.

1909 – Gespräch mit dem Beter.

1909 – Gespräch mit dem Betrunkenen.

1909 – Die Aeroplane in Brescia.

1911 – Richard und Samuel.

1912 – Großer Lärm.

1913 – Betrachtung. (mit 18 Prosatexten, u. a. mit: Der Ausflug ins Gebirge, Der plötzliche Spaziergang).

1913 – Das Urteil. Neuausgabe mit Die Verwandlung bei Fischer Taschenbuch, Frankfurt am Main 2008, ISBN 978-3-596-90020-6.

1913 – Der Heizer. (Erstes Kapitel des Romanfragments Der Verschollene).

1915 – Die Verwandlung. Neuausgabe mit Das Urteil bei Fischer Taschenbuch, Frankfurt am Main 2008, ISBN 978-3-596-90020-6.

1915 – Vor dem Gesetz. Bestandteil des Romanfragments Der Process und des Bandes Ein Landarzt.

1918 – Der Mord. (1918; frühere Fassung von Ein Brudermord, der 1919 entstanden ist und im Rahmen des Landarztbandes veröffentlicht wurde).

1918 – Ein Landarzt. (Erzählung von 1918 und Titel des Sammelbands mit 13 weiteren Prosatexten, u. a. mit: Elf Söhne, Ein Bericht für eine Akademie).

1919 – In der Strafkolonie. Neuausgabe bei

Verlag Wagenbach, Berlin 2010, ISBN 978-3-8031-2319-0.
1921 – Der Kübelreiter.
1924 – Ein Hungerkünstler. (Erzählung von 1922 und Titel des Sammelbands mit drei weiteren Prosatexten: Erstes Leid, Eine kleine Frau und Josefine, die Sängerin oder Das Volk der Mäuse).
Alle 46 Publikationen (zum Teil Mehrfachveröffentlichungen einzelner Werke) zu Lebzeiten Franz Kafkas sind aufgeführt auf den Seiten 300 ff. in Joachim Unseld: Franz Kafka. Ein Schriftstellerleben. Die Geschichte seiner Veröffentlichungen. ISBN 3-446-13554-5.
Posthum veröffentlicht[Bearbeiten]
1904–1905 – Beschreibung eines Kampfes.
1907–1908 – Hochzeitsvorbereitungen auf dem Lande.
1909 – Unter meinen Mitschülern.
1909 – Diese Wahl ist sehr begrüßenswert.
1909 – Kleine Seele.
1910 – Der kleine Ruinenbewohner.
1911 – Wir wußten nicht eigentlich
1911 – Die städtische Welt. Fragment aus Tagebuch.
1911 – Das ist ein Anblick.

1911 – Skizze zur Einleitung für Richard und Samuel.
1912 – Einleitungsvortrag über Jargon,
1914 – Erinnerungen an die Kaldabahn.
Fragment aus Tagebuch.
1914–1915 – Der Unterstaatsanwalt.
1914–1915 – Ein junger ehrgeiziger Student.
Fragment im „Elberfeld-Heft".
1914–1915 – Der Dorfschullehrer. Brods
Titel: Der Riesenmaulwurf.
1915 – Blumfeld, ein älterer Junggeselle.
1916–1917 – Der Gruftwächter. Titel von
Brod.
1916–1917 – Die Brücke. Titel von Brod.
1917 – Eine Kreuzung.
1917 – Der Schlag ans Hoftor. Titel von
Brod.
1917 – Der Jäger Gracchus. Titel von Brod.
1917 – Beim Bau der Chinesischen Mauer.
1917 – Eine alltägliche Verwirrung. Titel
von Brod.
1917 – Der Nachbar. Titel von Brod.
1917 – Vom jüdischen Theater.
1917 – Die Zürauer Aphorismen. Brods
Titel: Betrachtungen über Sünde, Leid,
Hoffnung und den wahren Weg.
1917 – Die Wahrheit über Sancho Pansa.

Titel von Brod.
1917 – Das Schweigen der Sirenen. Titel von Brod.
1918 – Prometheus. Titel von Brod.
1919 – Brief an den Vater.
1920 – Der große Schwimmer.
1920 – Heimkehr Titel von Brod.
1920 – Unser Städtchen liegt ···. Titel von Brod: Die Abweisung.
1920 – Nachts. Titel von Brod.
1920 – Gemeinschaft. Titel von Brod.
1920 – Die Prüfung. Titel von Brod.
1920 – Der Geier. Titel von Brod.
1920 – Der Kreisel. Titel von Brod.
1920 – Zur Frage der Gesetze.
1920 – Das Stadtwappen. Titel von Brod.
1920 – Der Steuermann. Titel von Brod.
1920 – Kleine Fabel. Titel von Brod.
1920 – Poseidon. Titel von Brod.
1920 – Die Truppenaushebung. Titel von Brod.
1922 – Fürsprecher. Titel von Brod.
1922 – Forschungen eines Hundes. Titel von Brod.
1922 – In unserer Synagoge. (Die Synagoge von Thamühl).
1922 – Das Ehepaar.

1922 – Der Aufbruch. Titel von Brod.
1922 – Gibs auf. Titel von Brod; eigentlich:
Ein Kommentar.
1922 – Von den Gleichnissen. Titel von
Brod.
1922–1924 – Bilder von der Verteidigung
eines Hofes.
1923–1924 – Der Bau. Titel von Brod.

Erstausgabe Das Schloss, 1926
Romanfragmente [Bearbeiten]
1925 – Der Proceß Niederschrift 1914/15;
abweichend von Kafkas Schreibweise für
das Romanfragment werden Der Process
oder Der Prozess verwendet.
1926 – Das Schloss. Niederschrift 1922;
Romanfragment.
1927 – Der Verschollene. Erste Entwürfe
1912 unter dem Titel „Der Verschollene";
von Brod unter dem Titel Amerika
veröffentlicht, heute ist der ursprüngliche
Titelname wieder allgemein eher
gebräuchlich; Romanfragment.
Werkausgaben [Bearbeiten]
Max Brod (Hrsg.): Gesammelte Werke.
Frankfurt am Main, New York: S. Fischer
1950–1974; auch bekannt als „Brod-

Ausgabe" *(heute textkritisch überholt)*
Jürgen Born, Gerhard Neumann, Malcolm
Pasley und Jost Schillemeit (Hrsg.):
Kritische Ausgabe. Schriften, Tagebücher,
Briefe. Frankfurt am Main: S. Fischer 1982
ff.; auch bezeichnet als „Kritische Kafka-
Ausgabe" (KKA)
Hans-Gerd Koch (Hrsg.): Gesammelte
Werke in 12 Bänden in der Fassung der
Handschrift. Frankfurt am Main: S. Fischer,
1983 ff. (Textidentisch mit den Textbänden
der Kritischen Ausgabe)
Roland Reuß und Peter Staengle (Hrsg.):
Historisch-kritische Ausgabe sämtlicher
Handschriften, Drucke und Typoskripte.
Frankfurt am Main und Basel: Stroemfeld
Verlag 1995 ff.; auch bezeichnet als „Franz
Kafka-Ausgabe" (FKA).
Bisher sind erschienen:
Der Process. Faksimile-Edition, 16 Hefte +
1 Beiheft, mit CD-ROM, 1997
Beschreibung eines Kampfes. Faksimile-
Edition, 2 Bände, 1 Beiheft, mit CD-ROM,
1999
Oxforder Quarthefte 1 & 2. Faksimile-
Edition, 2 Bände, 1 Beiheft, mit CD-ROM,
2001

Oxforder Quartheft 17: Die Verwandlung.
Faksimile–Edition, 1 Band, 1 Beiheft, mit
CD–ROM, 2003
Oxforder Oktavhefte 1 & 2. Faksimile–
Edition, 2 Bände, 1 Beiheft, mit CD–ROM,
2004
Oxforder Oktavhefte 3 & 4. Faksimile–
Edition, 2 Bände, 1 Beiheft, mit CD–ROM,
2007
Oxforder Oktavhefte 5 & 6. Faksimile–
Edition, 2 Bände, 1 Beiheft, mit CD–ROM,
2009
Hörbücher [Bearbeiten]
Ansturm gegen die Grenze – Tagebücher
von 1910 bis 1922. Gelesen von Bodo
Primus, mOceanOTonVerlag, 2007, ISBN
978–3–86735–237–6.
Die Verwandlung. 2 CDs, Laufzeit 120 Min.,
gesprochen von Rainer Maria Ehrhardt,
Hörmedia Audioverlag, 2005, ISBN 3–
938478–66–7.
In der Strafkolonie, Regie Ulrich Gerhard,
2007, Laufzeit 73 Min., Bayerischer
Rundfunk 2007, kostenloser Download im
Hörspielpool des Radiosenders Bayern 2,
50,2 MB
Der Process – Hörspiel, Regie: Klaus

Buhlert. Eine 16-teilige Produktion des Bayrischen Rundfunks 2010, Laufzeit 10 Stunden, kostenloser Download im Hörspielpool des Radiosenders Bayern 2.

Das Schloss, erzählt von Monica Bleibtreu, Anna Thalbach, Uwe Friedrichsen u. a., Verlag Patmos, Düsseldorf 2006.

Der Process, erzählt von Alexander Khuon, Mathieu Carrière und Anja Niederfahrenhorst, Verlag Patmos, Düsseldorf 2007

Das Urteil. Eine Geschichte und andere Erzählungen, gelesen von Axel Grube, 1 CD, Laufzeit 66 Min., onomato Verlag, Düsseldorf 2008, ISBN 978-3-939511-56-4.

Tagebücher Heft 4-12 von 1912-1923, gelesen von Axel Grube, 1 CD, Laufzeit 73 Min., onomato Verlag, Düsseldorf 2001, ISBN 3-933691-04-4.

Erzählungen, gelesen von Axel Grube, 1 CD, Laufzeit 79 Min., onomato Verlag, Düsseldorf 2002, ISBN 3-933691-24-9.

Brief an den Vater, gelesen von Till Firit, Mono Verlag, Wien, 2009. ISBN 978-3-902727-91-6

Brief an den Vater, gelesen von Stefan

Fleming, 2 CDs, Laufzeit 134 Min., Preiser Records, Wien 2001, Preis der Deutschen Schallplattenkritik

Ein Bericht für eine Akademie, gelesen von Hans-Jörg Große, Laufzeit 25 Min., Eigenproduktion Hans-Jörg Große und Christian Mantey, Berlin 2010.

Gert Westphal liest Kafka – Erzählungen und Betrachtungen, 1 CD, Litraton, 2000, ISBN 3-89469-873-X.

Gert Westphal liest Franz Kafka „Der Process", 7 Audio-Kassetten, Litraton, September 2000, ISBN 3-89469-120-4.

Hörbuchsammlungen [Bearbeiten]

TheaterAufCD

Librivox

Vorleser.net

Franz Kafka Hörbuchprojekt – Hans-Jörg Große

Franz Kafka Hörbuchprojekt – Christian Mantey

Briefe [Bearbeiten]

Kafka schrieb intensiv und über eine lange Zeit seines Lebens teils sehr persönliche Briefe. Sie belegen seine hohe Sensibilität und vermitteln seine Sicht der bedrohlichen Aspekte seiner Innenwelt und seine Ängste

angesichts der Außenwelt. Manche Autoren
halten Kafkas Briefe nicht für eine
Ergänzung seines literarischen Werks,
sondern sehen sie als Teil davon.
Besonders seine Briefe an Felice und Briefe
an Milena gehören zu den großen
Briefdokumenten des 20. Jahrhunderts. Die
Briefe an Ottla sind ein bewegendes Zeugnis
von Kafkas Nähe zu seiner (vermutlich 1943
von den Nationalsozialisten ermordeten)
Lieblingsschwester. Im Brief an den Vater
wird das prekäre Verhältnis des
hochbegabten Sohnes zu seinem Vater
deutlich, den er als lebenstüchtigen Despot
beschreibt, der die Lebensführung des
Sohnes äußerst kritisch beurteilt. Die Briefe
an Max Brod sind Dokumente einer
Freundschaft, ohne die von Kafkas Werk
allenfalls Bruchstücke erhalten geblieben
wären. Die jeweiligen Antwortschreiben sind
bis auf Ausnahmen nicht erhalten, was
besonders im Hinblick auf die fehlenden
Briefe der Journalistin und Schriftstellerin
Milena Jesenská äußerst bedauerlich ist, die
für Kafka das bewunderte Beispiel eines
freien Menschen ohne Angst war.
Ausgaben der Briefe

Bestandteil von: Kritische Ausgabe. Schriften, Tagebücher, Briefe. Verlag S. Fischer, 1982 ff.
Briefe, Band 1 (1900–1912). Herausgegeben von Hans–Gerd Koch. Text, Kommentar und Apparat in einem Band. S. Fischer Verlag, Frankfurt am Main 1999, ISBN 3-10-038157-2.
Briefe, Band 2 (1913 bis März 1914). Herausgegeben von Hans–Gerd Koch. Text, Kommentar und Apparat in einem Band. S. Fischer Verlag, 2001, ISBN 978-3-10-038158-3.
Briefe, Band 3 (1914–1917). Herausgegeben von Hans–Gerd Koch. Text, Kommentar und Apparat in einem Band. S. Fischer Verlag, Frankfurt am Main 2005, ISBN 978-3-10-038161-3.
Briefe, Band 4 (1918–1920). Herausgegeben von Hans–Gerd Koch. Text, Kommentar und Apparat in einem Band. S. Fischer Verlag, Frankfurt am Main angekündigt für Juli 2013, ISBN 978-3-10-038162-0.
Andere Ausgaben:
Malcolm Pasley (Hrsg.): Franz Kafka, Max Brod – Eine Freundschaft. Briefwechsel. S. Fischer Verlag, Frankfurt am Main 1989,

ISBN 3-10-008306-7.
Josef Čermák, Martin Svatoš (Hrsg.): Franz
Kafka – Briefe an die Eltern aus den Jahren
1922-1924. Fischer Taschenbuchverlag,
Frankfurt am Main 1993, ISBN 3-596-
11323-7.
Jürgen Born, Erich Heller (Hrsg.): Franz
Kafka – Briefe an Felice und andere
Korrespondenz aus der Verlobungszeit.
Fischer Taschenbuchverlag, Frankfurt am
Main, ISBN 3-596-21697-4.
Jürgen Born, Michael Müller (Hrsg.): Franz
Kafka – Briefe an Milena. Fischer
Taschenbuchverlag, Frankfurt am Main
1991, ISBN 3-596-25307-1.
Hartmut Binder, Klaus Wagenbach (Hrsg.):
Franz Kafka – Briefe an Ottla und die
Familie. S. Fischer Verlag, Frankfurt am
Main 1974, ISBN 3-10-038115-7.
Tagebücher[Bearbeiten]
Kafkas Tagebücher sind für den Zeitraum
von 1909 bis 1923 (kurz vor seinem Tod im
Jahre 1924) großenteils erhalten geblieben.
Sie enthalten nicht nur persönliche Notizen,
autobiographische Reflexionen, Elemente
einer Selbstverständigung des
Schriftstellers über sein Schreiben, sondern

*auch Aphorismen (siehe z. B. Die Zürauer
Aphorismen), Entwürfe für Erzählungen und
zahlreiche literarische Fragmente.
Ausgaben der Tagebücher
Bestandteil von: Gesammelte Werke in
Einzelbänden in der Fassung der
Handschrift. Verlag S. Fischer, 1983.
Hans-Gerd Koch (Hrsg.): Tagebücher Band
1: 1909–1912 in der Fassung der
Handschrift. S. Fischer Verlag, Frankfurt am
Main 1994.
Hans-Gerd Koch (Hrsg.): Tagebücher Band
2: 1912–1914 in der Fassung der
Handschrift. S. Fischer Verlag, Frankfurt am
Main 1994.
Hans-Gerd Koch (Hrsg.): Tagebücher Band
3: 1914–1923 in der Fassung der
Handschrift. S. Fischer Verlag, Frankfurt am
Main 1994.
Hans-Gerd Koch (Hrsg.): Reisetagebücher
in der Fassung der Handschrift. S. Fischer
Verlag, Frankfurt am Main 1994
Bestandteil von: Historisch-kritische
Ausgabe. Stroemfeld Verlag, 1995.
Roland Reuß, Peter Staengle und andere
(Hrsg.): Oxforder Oktavhefte 1 & 2.
Stroemfeld, Frankfurt am Main und Basel*

2004. (Entstehungszeitraum der Oktavhefte:
Ende 1916 bis Anfang 1917)
Roland Reuß, Peter Staengle und andere
(Hrsg.): Oxforder Quarthefte 1 & 2.
Stroemfeld, Frankfurt am Main und Basel
2001. (Zeitraum der Ouarthefte: 1910–1912)
Amtliche Schriften[Bearbeiten]
Als Angestellter der Arbeiter–Unfall–
Versicherungs–Anstalt für das Königreich
Böhmen verfasste Franz Kafka Aufsätze,
Gutachten, Rundschreiben und anderes.
Siehe oben den Abschnitt „Berufsleben".
Ausgaben der amtlichen Schriften
Franz Kafka: Amtliche Schriften. Mit einem
Essay von Klaus Hermsdorf. Hrsg. von
Klaus Hermsdorf unter Mitwirkung von
Winfried Poßner und Jaromir Louzil.
Akademie Verlag, Berlin 1984.
Klaus Hermsdorf: Hochlöblicher
Verwaltungsausschuß. Amtliche Schriften.
Luchterhand, 1991, ISBN 3–630–61971–1.
Klaus Hermsdorf, Benno Wagner (Hrsg.):
Franz Kafka. Amtliche Schriften. S. Fischer,
Frankfurt a. M. 2004, ISBN 3–10–038183–1.
(Bestandteil der Kritischen Kafka–Ausgabe)
Zeichnungen[Bearbeiten]
Ausgaben der Zeichnungen

Niels Bokhove, Marijke van Dorst (Hrsg.):
Einmal ein großer Zeichner. Franz Kafka als
bildender Künstler. Vitalis, Prag 2006, ISBN
3-89919-094-7. – Auch englische Ausgabe:
Niels Bokhove, Marijke van Dorst (Hrsg.): A
Great Artist One Day. Franz Kafka as a
Pictorial Artist. Vitalis, Prague 2007, ISBN
978-80-7253-236-0.

Gedichte [Bearbeiten]
Ausgaben der Gedichte
Marijke van Dorst (Hrsg.): „Ik ken de inhoud
niet ···" Gedichten / „Ich kenne den Inhalt
nicht ···" Lyrik. Zweisprachige Ausgabe.
Niederl. Übersetzung: Stefaan van den
Bremt. Erläuterungen: Niels Bokhove.
Exponent, Bedum 2000.

Vertonungen [Bearbeiten]
Der Komponist Juan María Solare hat Texte
von Kafka vertont:
Nachts für Bariton, Klarinette, Trompete
und Gitarre (2000)
Kleine Fabel für Sprechtrio (2005).
Der ungarische Komponist György Kurtág
vertonte 1985/86 Kafka-Fragmente (op.
24). Es handelt sich hierbei um einen
vierzigteiligen Liederzyklus für Sopran und
Violine. Informationen finden sich u. a. bei:

*SR DRS Radio-Discothek: György Kurtág –
Kafka-Fragmente op. 24
Kafka-Fragmente, 1 Audio-CD, ca. 65 Min.,
Ecm Record (Universal), im Auftrag der
Wittener Tage für Neue Kammermusik,
Juliane Banse (Sopran), András Keller
(Violine), (2006)
Kafka-Fragmente, 1 Audio-CD, ca. 65 Min.,
Hungaroton (Klassik Center Kassel),
Adrienne Csengery (Sopran), András Keller
(Violine), (1996)
Kurtag Kafka Fragmente Oram, 1 Audio-CD,
ca. 56 Min., Ondine, Anu Komsi (Sopran),
Sakari Oramo (Violine), (1996)
Mischa Käser: Kafka-Zyklus (1987/88) für
Sprecher, Sopran, 3 Schlagzeuger
Der Komponist Friedemann Schmidt-
Mechau verwendete 2002 einige
Textfragmente aus Betrachtungen über
Sünde, Leid, Hoffnung und den wahren Weg
und aus dem dritten Oktavheft in seiner
Komposition Dreierlei – Musik für Barock-
Klarinette.[61]
Boris Blacher: Epitaph – Zum Gedächtnis
von Franz Kafka, Streichquartett (1951)
Gianluca Podio: I giardini di Kafka, für
Gitarre und Perkussion*

Poul Ruders: Kafka's trial, Einakter mit
Präludium
Ernst Krenek: Motetten nach Worten von
Franz Kafka, op.169, Nr.1–6
Cristóbal Halffter: Odradek, Homenaje a
Franz Kafka
Joseph Klein: Parabeln nach Franz Kafka
Nr. 1–2
Bruno Maderna: Studi per "Il processo" di
Franz Kafka
Max Brod: Lieder nach Versen von Franz
Kafka (1951)
André Laporte: Das Schloss, Oper
Hans Werner Henze: Ein Landarzt.
Rundfunkoper auf einer Erzählung Franz
Kafkas
Gottfried von Einem: Der Prozess, Oper
Rainer Kunad: Das Schloß (1960/61)
Roman Haubenstock–Ramati: Amerika, Oper
(1961–64); Neufassung 1992 unter Beat
Furrer
Gunther Schuller: The Visitation, Oper
(1966)
Jan Klusák, Vier kleine Stimmübungen. Über
Texte von Franz Kafka für Sprechstimme
und elf Blasinstrumente (1960)
Lukas Foss: Time Cycle (1960)

Kafka in der Kunst[Bearbeiten]
*K – Kunst zu Kafka. Ausstellung zum 50.
Todestag. Bücherstube am Theater, Bonn
1974.*
*Wolfgang Rothe: Kafka in der Kunst. Belser
Verlag, Stuttgart und Zürich 1979, ISBN 3–
7630–1675–9.*
*Hans Fronius. Kunst zu Kafka. Mit einem
Text von Hans Fronius. Einführung
Wolfgang Hilger. Bildtexte Helmut
Strutzmann. Edition Hilger und Lucifer
Verlag im Kunsthaus Lübeck, Wien und
Lübeck 1983, ISBN 3–900318–13–1.*
*Peter Assmann, Johann Lachinger (Hrsg.):
Hans Fronius zu Franz Kafka. Bildwerke von
1926–1988. Beiträge von Jürgen Born,
Andreas Geyer, Wolfgang Hilger, Otto
Mauer. Bibliothek der Provinz. Verlag für
Literatur, Kunst und Musikalien, Weitra
1997, ISBN 3–85252–143–2.*
Sekundärliteratur[Bearbeiten]
*Maria Luise Caputo–Mayr, Julius Michael
Herz: Franz Kafka, Internationale
Bibliographie der Primär– und
Sekundärliteratur. 2., erweiterte und
überarbeitete Auflage. Saur, München 2000,
ISBN 3–907820–97–5 (deutsch und*

englisch, Band 1, Band 2/Teil 1, Band 2/Teil 2).

Biographien[Bearbeiten]

Peter-André Alt: Franz Kafka: Der ewige Sohn. Beck, München 2005, ISBN 3-406-53441-4.

Thomas Anz: Franz Kafka. Beck, München 1989, ISBN 3-406-33162-9 (2. Auflage erschien 1992).

Hartmut Binder: Kafka-Handbuch in zwei Bänden. Band 1: Der Mensch und seine Zeit. Kröner, Stuttgart 1979, ISBN 3-520-81701-2.

Hartmut Binder: Kafka, Franz. In: Neue Deutsche Biographie (NDB). Band 11, Duncker & Humblot, Berlin 1977, ISBN 3-428-00192-3, S. 1-15 (Digitalisat).

Louis Begley: Die ungeheure Welt, die ich im Kopfe habe. Über Franz Kafka. Deutsche Verlags-Anstalt, München 2008, ISBN 978-3-421-04362-7.

Max Brod: Franz Kafka. Eine Biographie. S. Fischer Verlag, Frankfurt a. M. 1962.

Josef Čermák: „Ich habe seit jeher einen gewissen Verdacht gegen mich gehabt." Franz Kafka – Dokumente zu Leben und Werk. 2 Bd.e, 1. Textband, 2. 30 Faksimiles

von Originaldokumenten, Parthas Verlag,
Berlin 2010, ISBN 978-3-86964-026-6.
Saul Friedländer: Franz Kafka. C.H.Beck,
München 2012, ISBN 978-3-406-63740-7.
(Originaltitel: Franz Kafka. Poet of Shame
and Guilt.)
Roger Hermes, W. John, H.-G. Koch, A.
Widera: Franz Kafka. Eine Chronik.
Wagenbach, Berlin 1999, ISBN 3-8031-
2338-0.
Ekkehard W. Haring: Leben und
Persönlichkeit. In: Manfred Engel, Bernd
Auerochs (Hrsg.): Kafka-Handbuch. Leben –
Werk – Wirkung. Metzler, Stuttgart/Weimar
2010,1-27, ISBN 978-3-476-02167-0.
Nicholas Murray: Kafka und die Frauen,
Felice Bauer, Milena Jesenska, Dora
Diamant. Artemis & Winkler, Düsseldorf
2007, ISBN 978-3-538-07242-8.
Bernd Neumann: Franz Kafka.
Gesellschaftskrieger. Eine Biografie.
Wilhelm Fink, München 2008, ISBN 978-3-
7705-4689-3.
Alois Prinz: Auf der Schwelle zum Glück.
Die Lebensgeschichte des Franz Kafka.
Suhrkamp, Frankfurt am Main 2007.
Harald Salfellner: Franz Kafka und Prag. 7.,

neubearbeitete Ausgabe. Vitalis-Verlag, Prag 2011, ISBN 978-3-89919-018-2.

Reiner Stach: Kafka. Die Jahre der Entscheidungen. S. Fischer-Verlag, Frankfurt am Main 2002, ISBN 3-596-16187-8.

Reiner Stach: Kafka. Die Jahre der Erkenntnis. S. Fischer-Verlag, Frankfurt am Main 2008, ISBN 978-3-10-075119-5.

Reiner Stach: Kafka. Die frühen Jahre. S. Fischer-Verlag, Frankfurt am Main 2014, ISBN 978-3-10-075130-0.

Joachim Unseld: Franz Kafka. Ein Schriftstellerleben. Die Geschichte seiner Veröffentlichungen. Hanser, München 1982, ISBN 3-446-13554-5 und S. Fischer, Frankfurt 1984, ISBN 3-596-26493-6 (Fischer Taschenbuch).

Klaus Wagenbach: Franz Kafka. Eine Biographie seiner Jugend. Francke, Bern 1958.

Klaus Wagenbach: Franz Kafka. (rororo Monographie) Rowohlt, Reinbek 1964 (Eine überarbeitete Neuausgabe erschien 2002, ISBN 3-499-50649-1)

Klaus Wagenbach: Franz Kafka. Bilder aus seinem Leben. Wagenbach, Berlin 1983,

ISBN 3-8031-3509-5; 2., erweiterte und veränderte Auflage. Wagenbach, Berlin 1994, ISBN 3-8031-3547-8; 3., erweiterte und veränderte Auflage. Wagenbach, Berlin 2008, ISBN 978-3-8031-3625-1.
Felix Weltsch: Religion und Humor in Leben und Werk Franz Kafkas. Onomato, Düsseldorf 2009, ISBN 978-3-939511-21-2.[62]
Hanns Zischler: Kafka geht ins Kino. Rowohlt, Hamburg 1996.
Handbücher[Bearbeiten]
Hartmut Binder (Hrsg.): Kafka-Handbuch in zwei Bänden. Band 1: Der Mensch und seine Zeit; Band 2: Das Werk und seine Wirkung. Kröner, Stuttgart 1979, ISBN 3-520-81801-9.
Manfred Engel, Bernd Auerochs (Hrsg.): Kafka-Handbuch. Leben – Werk – Wirkung. Metzler, Stuttgart/Weimar 2010, ISBN 978-3-476-02167-0.
Bettina von Jagow, Oliver Jahraus (Hrsg.): Kafka-Handbuch. Leben – Werk – Wirkung. Vandenhoeck & Ruprecht, Göttingen 2008, ISBN 978-3-525-20852-6.
Interpretationen[Bearbeiten]
Ulf Abraham: Der verhörte Held. Verhöre,

Urteile und die Rede von Recht und Schuld im Werk Kafkas. Wilhelm Fink, München 1985, ISBN 3-7705-2308-3.
Max Brod: *Kafkas Glaube und Lehre. Desch, München 1948. Mit 4 Zeichnungen Kafkas und 2 s/w Bildern von ihm (1901: 3/4-Aufnahme; Gartenszene, sitzend mit jg. Frau, Weimar 1912); häufige Neuaufl.*
Claude David (Hrsg.): *Franz Kafka. Themen und Probleme. V&R, Göttingen 1980, ISBN 3-525-33433-8.*
Wilhelm Emrich: *Franz Kafka. Athenäum, Bonn 1958.*
ders.: *Franz Kafkas Bruch mit der Tradition und sein neues Gesetz & Die Bilderwelt Franz Kafkas In W. E., Protest und Verheißung. Athenäum, Frankfurt 1960.*
Waldemar Fromm: *Artistisches Schreiben. Franz Kafkas Poetik zwischen „Proceß" und „Schloss". Wilhelm Fink, München 1998.*
Karl Erich Grözinger: *Kafka und die Kabbala. Das Jüdische im Werk und Denken von Franz Kafka, erw. Neuaufl. Philo Fine Arts, Hamburg 2002, ISBN 3-86572-303-9 (zuerst Eichborn, Frankfurt 1997). 5., aktualisierte und erweiterte Auflage, Campus, Frankfurt a. M. 2014, ISBN 978-3-*

593-50089-8.
Erich Heller: The World of Franz Kafka. In
E. H., The Disinherited Mind: Essays in
Modern German Literature and Thought.
Bowes & Bowes, Cambridge 1952.
ders.: Enterbter Geist. Essays über
modernes Dichten und Denken. Suhrkamp,
Frankfurt 1986.
Paul Heller: Franz Kafka. Wissenschaft und
Wissenschaftskritik. Stauffenburg, Tübingen
1989, ISBN 3-923721-40-4.
Bettina von Jagow, Oliver Jahraus: Kafka-
Handbuch Leben-Werk-Wirkung. V&R,
2008, ISBN 978-3-525-20852-6.
Herbert Kraft: Kafka. Wirklichkeit und
Perspektive, Bebenhausen 1972, 2. Auflage
1983.
ders.: Mondheimat. Kafka. Neske, Pfullingen
1983, ISBN 3-7885-0244-4. (Interpretation
zahlreicher Kafka-Texte aus der Sicht
historisch-kritischer Literaturwissenschaft).
Klaus-Detlef Müller: Franz Kafka – Romane.
Erich Schmidt, Berlin 2007.
Rasmus Overthun: Franz Kafka. In: Monika
Schmitz-Emans, Uwe Lindemann, Manfred
Schmeling (Hrsg.): Poetiken. Autoren –
Texte – Begriffe. de Gruyter, Berlin/New

York 2009, ISBN 978-3-11-018223-1, S. 219–221.

Marko Pajevic: Kafka lesen. Acht Textanalysen. Bernstein, Bonn 2009, ISBN 978-3-939431-37-4.

Gerhard Rieck: Kafka konkret – das Trauma ein Leben. Wiederholungsmotive im Werk als Grundlage einer psychologischen Deutung. Königshausen & Neumann, Würzburg 1999, ISBN 978-3-8260-1623-3.

Gerhard Rieck: Kafkas Rätsel. Fragen und Antworten zu Leben, Werk und Interpretation. Königshausen & Neumann, Würzburg 2014, ISBN 978-3-8260-5476-1.

Wiebrecht Ries: Kafka zur Einführung. Junius, Hamburg 1993, ISBN 3-88506-886-9.

Wendelin Schmidt-Dengler (Hrsg.): Was bleibt von Franz Kafka? Eine Positionsbestimmung. Braumüller, Wien 1985, ISBN 3-7003-0537-0.

Wendelin Schmidt-Dengler, Norbert Winkler: Die Vielfalt in Kafkas Leben und Werk. Vitalis, Praha 2005, ISBN 3-89919-066-1.

Sprache im technischen Zeitalter, Themenheft: Kafkas Schatten, Schatten

Kafkas, Ausg. 88, 1983. Mit Beiträgen von
Herbert Achternbusch, Harald Hartung,
Helmut Heißenbüttel, Günter Herburger,
Walter Höllerer, Günter Kunert, Oskar
Pastior, Herbert Rosendorfer, Tadeusz
Rósewicz, Edoardo Sanguineti, Marin
Sorescu und Andrew Weeks.
Ralf Sudau: Franz Kafka: Kurze Prosa,
Erzählungen. 2007, ISBN 978-3-12-
922637-7.
Felix Weltsch: Religiöser Humor bei F. K., in
Max Brod, Franz Kafkas Glauben und Lehre,
Desch, München 1948 (nur in dieser Ausg.-
später als separate Neuaufl.) S. 155–184.
Gernot Wimmer: Franz Kafkas Erzählungen:
Rationalismus und Determinismus. Zur
Parodie des christlich-religiösen Mythos.
Peter Lang, Frankfurt am Main 2008.
Anderes [Bearbeiten]
Theodor W. Adorno: Aufzeichnungen zu
Kafka. In: GS Bd. 10.1. S. 254 ff.
Peter-André Alt: Kafka und der Film. Beck
Verlag, 2009, ISBN 978-3-406-58748-1.
Walter Benjamin: Franz Kafka. Zur zehnten
Wiederkehr seines Todestages. In: GS Bd.
2.2. S. 209 ff.
Benjamin über Kafka. Texte,

*Briefzeugnisse, Aufzeichnungen. Hrsg. von
Hermann Schweppenhäuser. Frankfurt am
Main: Suhrkamp 1981 (Suhrkamp-
Taschenbuch Wissenschaft. 341) ISBN 3-
518-07941-7*

*Maurice Blanchot: Von Kafka zu Kafka.
Fischer Taschenbuch Verlag, Frankfurt/M.
1995, ISBN 978-3-596-26887-0*

*Albert Camus: Die Hoffnung und das
Absurde im Werk von Franz Kafka. Rauch
Verlag, Düsseldorf 1956.*

*Elias Canetti: Der andere Prozeß. Kafkas
Briefe an Felice. Hanser, München 1968.*

*Nadine A. Chmura (Hrsg.): Kafka.
Schriftenreihe der Deutschen Kafka-
Gesellschaft. Band 1 ff., Bernstein, Bonn
2007 ff, ISSN 1864-9920.*

*Gilles Deleuze, Félix Guattari: Kafka, Für
eine kleine Literatur. Suhrkamp, Frankfurt
am Main 1976, ISBN 3-518-10807-7.*

*Ludwig Dietz: Franz Kafka. Die
Veröffentlichungen zu seinen Lebzeiten
[1908-1924]. Eine textkritische und
kommentierte Bibliographie. Lothar Stiehm
Verlag, Heidelberg 1982.*

*Manfred Engel, Dieter Lamping (Hrsg.):
Franz Kafka und die Weltliteratur.*

Vandenhoeck & Ruprecht, Göttingen 2006,
ISBN 3-525-20844-8.
Manfred Engel, Ritchie Robertson (Hrsg.):
Kafka und die kleine Prosa der Moderne /
Kafka and Short Modernist Prose.
Königshausen & Neumann, Würzburg 2010
(Oxford Kafka Studies I). ISBN 978-3-
8260-4029-0
Manfred Engel, Ritchie Robertson (Hrsg):
Kafka, Prag und der Erste Weltkrieg /
Kafka, Prague and the First World War.
Königshausen & Neumann, Würzburg 2012
(Oxford Kafka Studies 2). ISBN 978-3-
8260-4849-4
Manfred Engel, Ritchie Robertson (Hrsg):
Kafka und die Religion in der Moderne /
Kafka, Religion, and Modernity.
Königshausen & Neumann, Würzburg 2014
(Oxford Kafka Studies 3). ISBN 978-3-
8260-5451-8
Janko Ferk: Recht ist ein „Prozeß". Über
Kafkas Rechtsphilosophie. Manz, Wien 1999.
Janko Ferk: Wie wird man Franz Kafka?
Drei Essays. Mit einem Vorwort von
Wendelin Schmidt-Dengler. LIT,
Wien/Berlin 2008.
Kerstin Gernig: Die Kafka-Rezeption in

Frankreich: Ein diachroner Vergleich der französischen Übersetzungen im Kontext der hermeneutischen Übersetzungswissenschaft. Königshausen & Neumann Verlag, Würzburg 1999, ISBN 3-8260-1694-7.

Erich Heller und Jürgen Born (Hrsg.): Briefe an Felice und andere Korrespondenz aus der Verlobungszeit. Mit einer Einleitung von Erich Heller. S. Fischer Verlag, 1967

Klaus Hermsdorf: Kafka in der DDR. Hrsg. von Gerhard Schneider und Frank Hörnigk. Theater der Zeit, Berlin 2007, ISBN 978-3-934344-93-8.

Heinrich Eduard Jacob: Kafka oder die Wahrhaftigkeit. In: Der Feuerreiter. Zeitschrift für Dichtung, Kritik und Graphik. II. Jg. Heft 2, August/September 1924, hrsg. von Heinrich Eduard Jacob; S. 61–66.

Heinrich Eduard Jacob: Truth for Truth's Sake. In: The Kafka Problem. Hrsg. Angel Flores, New York 1956.

Kafka-Verlag Prag 1996: Kafka und Prag ISBN 80-85844-13-3.

Leslie Kaplan: Kafka, Kafka (frz.), dt. udT. Kafka. In: Die Werkzeuge. Kap. 2: Mit Schriftstellern. Vorwerk 8, Berlin 2006,

ISBN 3-930916-77-0.
Hans-Gerd Koch (Hrsg.): Als Kafka mir
entgegenkam··· Erinnerungen an Franz
Kafka. Verlag Klaus Wagenbach, Berlin
2005, ISBN 3-8031-2528-6.
Werner Kraft: Franz Kafka. Durchdringung
und Geheimnis. Frankfurt am Main:
Suhrkamp 1968. (Bibliothek Suhrkamp. Band
211.).
Michael Kumpfmüller: Die Herrlichkeit des
Lebens. Verlag Kiepenheuer & Witsch, Köln
2011, ISBN 978-3-462-04326-6.
Milan Kundera: Irgendwo, dahinter. In: Die
Kunst des Romans. Hanser, München 1987.
Claudia Liebrand: F. K.
(Forschungsgeschichte) Darmstadt: WBG
2006 (Reihe: Studium)
David Zane Mairowitz, Robert Crumb: Kafka
kurz und knapp. Verlag Zweitausendeins,
ISBN 3-86150-117-1. (aus der Kurz-und-
knapp-Reihe über berühmte
Persönlichkeiten; Kafkas Leben und Werk
als illustrierter Essay, z. T. in Graphic-
Novel-Sequenzen), 1. Aufl. 1995, 6. Aufl.
2001.
Sascha Michel (Herausgeber) Unterwegs
mit Franz Kafka. S. Fischer Verlag, 2010,

ISBN 978-3-596-90270-5.
Alice Miller: Du sollst nicht merken/
Dichtung (Das Leiden des Franz Kafka).
Suhrkamp, Frankfurt am Main 1983.
Harald Münster: Das Buch als Axt. Franz
Kafka differenztheoretisch lesen. Peter
Lang, Frankfurt a.M. 2011, ISBN 978-3-
631-61133-3.
Marek Nekula: Franz Kafkas Sprachen. ⋯ in
einem Stockwerk des innern babylonischen
Turmes ⋯. Max Niemeyer Verlag, Tübingen
2003.
Anthony Northey: Kafkas Mischpoche.
Verlag Klaus Wagenbach, Berlin 1988, ISBN
978-3803151063.
Milan Richter: Kassiber aus Kafkas
Höllenparadies. 2006, Theaterstück,
deutsche Übersetzung von G. Tesche.
Milan Richter: Kafkas zweites Leben. 2007,
Theaterstück, deutsche Übersetzung von G.
Tesche.
Klaus R. Scherpe, Elisabeth Wagner (Hrsg.):
Kontinent Kafka. Mosse-Lectures an der
Humboldt-Universität zu Berlin. Mit 8
Grafiken von Ergin Inan. Vorwerk 8, Berlin
2006, ISBN 3-930916-79-7.
Reiner Stach: Ist das Kafka? (99

Fundstücke). Fischer Verlag GmbH, Frankfurt/Main 2012 ISBN 978-3-596-19106-2.

Johannes Urzidil: Da geht Kafka. Artemis, Zürich/Stuttgart 1965; erweiterte Ausgabe: München, dtv 1966. (= dtv. 390.)

Klaus Wagenbach (Hrsg.): Kafkas Prag. Ein Reiselesebuch. Verlag Klaus Wagenbach, Berlin 1993, ISBN 3-8031-1141-2.

Hans Dieter Zimmermann: Kafka für Fortgeschrittene C.H. Beck 2004, ISBN 3-406-51083-3.

Hanns Zischler: Kafka geht ins Kino. Rowohlt, Reinbek bei Hamburg 1996, ISBN 3-498-07659-0.

Filmographie [Bearbeiten]

Literaturverfilmungen [Bearbeiten]

1962 – Der Prozeß. (OT: Le procès), Regie: Orson Welles, mit Anthony Perkins, Jeanne Moreau, Romy Schneider.

1968 – Das Schloß. Regie: Rudolf Noelte

1975 – Die Verwandlung. Regie: Jan Němec, mit Heinz Bennent

1977 – Die Verwandlung. (OT: The metamorphosis of Mr. Samsa.)

1983 – Klassenverhältnisse. (OT: Rapports de classes), Regie: Jean-Marie Straub,

Danièle Huillet, Vorlage: Romanfragment
„Der Verschollene"
1993 – Der Prozeß. (OT: The Trial), Regie:
David Jones, Drehbuch: Harold Pinter
1997 – Das Schloß. Regie: Michael Haneke
2001 – K.af.ka fragment. Filmessay, Regie:
Christian Frosch, 85 Min., Darsteller: Lars
Rudolph (Kafka), Ursula Ofner (Felice),
Vorlage: „Briefe an Felice", Filmdaten von
filmportal.de
Dokumentationen[Bearbeiten]
Ich stelle mich noch einmal vor: Ich heiße
Franz Kafka. Dokumentation, Österreich,
Deutschland, 2004, 60 Min., ein Film von
Peter Zurek und Karl Pridun, Produktion:
ORF, Erstausstrahlung: 16. Oktober 2004
bei 3sat, Inhaltsangabe von ZDFtheaterkanal
Du bist mein Menschengericht. Briefe von
Felice an Franz Kafka. Dialogmontage,
2004, von Wolfgang H. Fleischer und Zoltan
Pataky, Leser: Vera Borek und Eugen Star
Wer war Kafka? Dokumentarfilm,
Frankreich, 2006, 97 Min., Regie: Richard
Dindo, Erstausstrahlung, 26. Januar 2007,
Produktion: arte, Inhaltsangabe von arte
Spielfilme[Bearbeiten]
Geliebte Milena (OT: Milena), Spielfilm,

Frankreich, Kanada, BRD, 1990, 120 Min.,
Regie: Véra Belmont, u. a. mit Philip Anglim
als Kafka, Valérie Kaprisky als Milena
Jesenská, Gudrun Landgrebe als Olga,
Inhaltsangabe von 3sat
Kafka, Spielfilm, USA 1992, 93 Min.,
Drehbuch: Lem Dobbs, Regie: Steven
Soderbergh, u. a. mit Jeremy Irons als
Kafka, Theresa Russell, Joel Grey, Ian
Holm, Jeroen Krabbé, Armin Mueller–Stahl,
Alec Guinness.
Kurzfilme [Bearbeiten]
1990 – A Licensed Liberty. 34 Min., Regie:
Michael Kreihsl, [1]
1993 – The Metamorphosis of Franz Kafka.
30 Min., Regie: Carlos Atanes [63]
1993 – Franz Kafka's It's a Wonderful Life.
23 Min., Buch und Regie: Peter Capaldi,
Produktion: BBC Scotland,
2003 – Entschlüsse. Experimentalkurzfilm –
4 Min., Regie: Mirko Tzotschew [64]
2004 – Heimkehr. Kurzfilm, 8 Min., Regie:
Mirko Tzotschew [65]
2004 – Menschenkörper. Regie: Tobias
Frühmorgen, Vorlage: Ein Landarzt [66]
2006 – Grosser Lärm. Experimentalkurzfilm,
10 Min., Regie: Mirko Tzotschew

2006 – Pferdekopf. Experimentalkurzfilm, 4 Min., Regie: Mirko Tzotschew, Vorlage: „Wunsch, Indianer zu werden"

2006 – Un voyage en Italie. 22 Min., Regie: Christophe Clavert, Produktion: Les Films du saut du tigre, Frankreich

2007 – Kafka – inaka isha. (カフカ 田舎医者; Kafka – Ein Landarzt), Animationsfilm – 20 Min., Regie: Kōji Yamamura

2008 – Fahrgast. Kurzfilm, 10 Min., Regie: Mirko Tzotschew

2010 – Once Hijos, Kurzfilm, 15 Minuten, Regie Rafael Gómez, Adaption der Erzählung Elf Söhne (spanisch mit englischen Untertiteln)

Varia [Bearbeiten]

In dem Kurzfilm Franz Kafka's It's a Wonderful Life, der 1995 in der Kategorie Best Shortfilm/Live Action den Oscar gewann, sitzt Franz Kafka, dargestellt von Richard E. Grant, gerade an dem ersten Satz seiner Erzählung Die Verwandlung und verzweifelt an der Tatsache, dass ihm nicht die passende Verwandlungsform für seine Hauptfigur Gregor Samsa einfällt.

Ein Asteroid des inneren Hauptgürtels wurde nach Franz Kafka benannt: (3412)

Kafka

Jan Jindra: Wege des Franz K. – Schauplätze aus Leben und Werk F. K.s in Fotografien. Düsseldorf Herbst 2006, danach in Dresden Die Band Samsas Traum bezieht ihren Namen ebenso wie die Band Gregor Samsa von dem Hauptcharakter der Erzählung Die Verwandlung.

Die Band Blumfeld ist nach der Hauptfigur aus der Erzählung Blumfeld, ein älterer Junggeselle benannt.

Weblinks [Bearbeiten]

Commons: Franz Kafka – Sammlung von Bildern, Videos und Audiodateien

Wikisource: Franz Kafka – Quellen und Volltexte

Wikiquote: Franz Kafka – Zitate

Literatur von und über Franz Kafka im Katalog der Deutschen Nationalbibliothek

Franz Kafka in der Internet Movie Database (englisch)

Kommentierte Linksammlung der Universitätsbibliothek der Freien Universität Berlin

Franz Kafka im Zentralen Verzeichnis digitalisierter Drucke (zvdd)

Biografische Informationen [Bearbeiten]

*Xlibris: Franz Kafka – ausführlich, mit
Kommentaren und Inhaltsangaben zu den
wichtigsten Werken
Deutschlandradio: „Genialer Schilderer der
Macht" – Interviews, Texte, Audiodateien
(zu Kafkas 125. Geburtstag 2008)
FAZ.NET-Spezial: Kafkas Sätze – Von
monströser Vieldeutigkeit verfolgt – 72
Analysen und Interviews (zu Kafkas 125.
Geburtstag 2008)
sueddeutsche.de: „Stärker als alle
Schwerkraft" – (zu Kafkas 125. Geburtstag
2008)
Texte von Kafka [Bearbeiten]
Faksimiles sämtlicher Drucke zu Lebzeiten
(Zeitschriften und Zeitungen) vom Institut
für Textkritik
Werke von Franz Kafka. Bei: Zeno.org.
Werke von Franz Kafka. In: Project
Gutenberg.
DigBib.Org: Texte im PDF/HTML-Format u.
a. Amerika, Der Prozess
Literaturnetz
Die historisch-kritische Franz Kafka-
Ausgabe
Werke von Franz Kafka. In: Projekt
Gutenberg-DE.*

Briefe an Familie und Freunde, mit
Tagebüchern, Werner Haas
Kafka-Werke – als kostenlose Hörbücher
bei vorleser.net
„The Kafka Project" mehrsprachig,
umfangreiche Text-Sammlung
Werke von Franz Kafka als Hörbücher bei
LibriVox
Portale [Bearbeiten]
franzkafka.de – Leben, Familie, Werk,
originelle Fundstücke, kommentierte
aktuelle Literatur und Neuigkeiten (S.
Fischer Verlag)
Franz Kafka konkret – Portal zu Franz Kafka
Verschiedenes [Bearbeiten]
Oxford Kafka Research Centre (engl.) mit
Informationen über laufende Kafka-
Forschungsprojekte
Deutsche Kafka-Gesellschaft e. V.
Übersicht über Literatur zur
Rezeptionsgeschichte Kafkas bei kafka-
atlas.org
textkritik.de: „Besuch von Kafkas
Sterbehaus in Kierling bei Klosterneuburg"
der österreichischen Franz-Kafka-
Gesellschaft, 2001
Franz Kafka Museum, Prag

„Vom Baum des Lebens essen" – Franz
Kafka und sein Judentum
Fotoprojekt „Wege von Franz Kafka" –
Franz Kafka als Reisender
Herrschaft und Sexualität in F. K.s Romanen
Der Proceß und Das Schloß, Karin Leich,
Diss. Marburg 2003 (PDF; 1,58 MB)
Gerard Bertrand: Bilder von Kafka
Unterrichtsprojekte Deutsch: Der Proceß,
Lehrerfortbildung Baden-Württemberg
zeit.de: „Wem gehört Kafka?" – über den
Streit um Kafkas Handschriften
zeit.de: „Wir suchen, was die Gestapo stahl"
– Interview mit Reiner Stach über Kafkas
Erbe
Kafkas Aphorismen – Aufsatz zu den
Aphorismensammlungen; außerdem Text
Betrachtungen und Er
Kurzbiografie und Rezensionen zu Werken
von Franz Kafka bei perlentaucher.de
Anmerkungen[Bearbeiten]
Hochspringen ↑ Franz Kafka, Lebensdaten,
Werk, Regionaler Arbeitskreis Internet am
Oberschulamt Karlsruhe
Hochspringen ↑ Reiner Stach: Kafka. Die
frühen Jahre. Fischer, Frankfurt am Main
2014, S. 31

Hochspringen ↑ Peter-André Alt: Franz
Kafka: Der ewige Sohn. Eine Biographie.
Beck, München 2005, S. 28.
Hochspringen ↑ Peter-André Alt: Franz
Kafka: Der ewige Sohn. Eine Biographie.
Beck, München 2005, S. 74.
Hochspringen ↑ Reiner Stach: Kafka. Die
frühen Jahre. Fischer, Frankfurt am Main
2014, S. 97.
Hochspringen ↑ Klaus Wagenbach: Kafka
Rowohlt, Reinbek bei Hamburg 1964, S. 35f.
Hochspringen ↑ Klaus Wagenbach: Franz
Kafka. Rowohlt, Reinbek bei Hamburg 2008,
S. 50f.
Hochspringen ↑ Bodo Pieroth: Das
juristische Studium im literarischen Zeugnis
– Franz Kafka, in: JURA – Juristische
Ausbildung 1993, S. 415f (mit weiteren
Angaben zu Studium und Prüfung)
Hochspringen ↑ Reiner Stach: Kafka. Die
Jahre der Erkenntnis. Fischer, Frankfurt am
Main 2008, ISBN 978-3-10-075119-5, S.
78 ff.
Hochspringen ↑ Reiner Stach: Kafka. Die
frühen Jahre. S. Fischer-Verlag, Frankfurt
am Main 2014, S. 35.
Hochspringen ↑ Reiner Stach: Kafka. Die

Jahre der Entscheidungen. Fischer,
Frankfurt am Main 2004, S. 66ff.
Hochspringen ↑ Reiner Stach: Kafka. Die
Jahre der Entscheidungen. TB-Ausgabe, 2.
Auflage. Fischer, Frankfurt am Main 2008,
S. 32.
Hochspringen ↑ Franz Kafka: Briefe 1902–
1924, hg. von Max Brod, Fischer-Verlag
1975.
Hochspringen ↑ Eine Schilderung dieser
ersten Begegnung zwischen Franz und
Felice gibt Reiner Stach: Kafka. Die Jahre
der Entscheidungen. Fischer, Frankfurt am
Main 2002, Kapitel: Ein Fräulein aus Berlin
Hochspringen ↑ Reiner Stach: Kafka. Die
Jahre der Entscheidungen. TB-Ausgabe, 2.
Auflage. Fischer, Frankfurt am Main 2008,
S. 503f.
Hochspringen ↑ Franz Kafka: Tagebücher in
der Fassung der Handschrift. S. Fischer,
Frankfurt am Main 1990, S. 658.
Hochspringen ↑ Reiner Stach: Kafka. Die
Jahre der Entscheidungen. TB-Ausgabe, 2.
Auflage. Fischer, Frankfurt am Main 2008,
S. 550.
Hochspringen ↑ Reiner Stach: Kafka. Die
Jahre der Erkenntnis. TB-Ausgabe, Fischer,

Frankfurt am Main 2011, S. 112ff.
Hochspringen ↑ Reiner Stach: Kafka. Die
Jahre der Erkenntnis. TB-Ausgabe, Fischer,
Frankfurt am Main 2011, S. 290ff.
Hochspringen ↑ Reiner Stach: Kafka. Die
Jahre der Erkenntnis. TB-Ausgabe, Fischer,
Frankfurt am Main 2011, S. 294.
Hochspringen ↑ Reiner Stach schreibt:
„Bereits gegenüber Felice hatte er immer
wieder darauf bestanden, dass allein das
tiefe Gefühl der Zusammengehörigkeit eine
Ehe tragen und auch rechtfertigen können".
Reiner Stach: Kafka. Die Jahre der
Erkenntnis. TB-Ausgabe, Fischer, Frankfurt
am Main 2011, S. 553.
Hochspringen ↑ Reiner Stach: Kafka. Die
Jahre der Erkenntnis. TB-Ausgabe, Fischer,
Frankfurt am Main 2011, S. 601ff.
Hochspringen ↑ Wendelin Schmidt-Dengler,
Norbert Winkler: Die Vielfalt in Kafkas
Leben und Werk. Vitalis 2005, ISBN 3-
89919-066-1, S. 57.
Hochspringen ↑ Reiner Stach: Kafka. Die
Jahre der Erkenntnis. Fischer, Frankfurt am
Main 2011, S. 524.
Hochspringen ↑ Reiner Stach: Kafka. Die
Jahre der Erkenntnis. Fischer, Frankfurt am

Main 2011, S. 528.

Hochspringen ↑ Reiner Stach: Kafka. Die Jahre der Erkenntnis. Fischer, Frankfurt am Main 2011, S. 536.

Hochspringen ↑ Ostseebad Graal–Müritz, wissen.de

Hochspringen ↑ Daten der deutschen Literatur; Der ursprüngliche Verwaltungsbezirk Žižkov, in dem der Friedhof liegt, ist jetzt Teil des Verwaltungsbezirks Strašnice

Hochspringen ↑ Harald Salfellner: Franz Kafka und Prag. Vitalis Verlag, Prag 2002, Kapitel Der Neue Jüdische Friedhof in Prag–Strašnice, S. 179–185.

Hochspringen ↑ Kafka: Briefe an Milena. 12. Aufl. Frankfurt a. M. 2002, S. 17.

Hochspringen ↑ Klaus Wagenbach: Franz Kafka. 36. Aufl. Reinbek 2002, S. 54.

Hochspringen ↑ Wagenbach 2002, S. 63.

Hochspringen ↑ Kafka: Briefe an Milena. Ebd. Abgesehen von seiner Situation wollte er in diesem Brief seine Verbundenheit mit der Tschechin Milena Jesenskà dokumentieren.

Hochspringen ↑ Wagenbach 2002, S. 24.

Hochspringen ↑ Franz Kafka: Amtliche

Schriften. Mit einem Essay von Klaus Hermsdorf. Hrsg. von Klaus Hermsdorf unter Mitwirkung von Winfried Poßner und Jaromir Louzil. Akademie Verlag, Berlin 1984, S. 63–66.
Hochspringen ↑ Franz Kafka: Amtliche Schriften. Mit einem Essay von Klaus Hermsdorf. Hrsg. von Klaus Hermsdorf unter Mitwirkung von Winfried Poßner und Jaromir Louzil. Akademie Verlag, Berlin 1984, S. 302–305.
Hochspringen ↑ Richard T. Gray: A Franz Kafka Encyclopedia. Greenwood Publishing Group, Westport, Connecticut 2005, ISBN 978-0-313-30375-3, S. 47.
Hochspringen ↑ Nabokov: Die Kunst des Lesens. Fischer TB, S. 320.
Hochspringen ↑ Klaus Wagenbach: Kafka. rororo monographien, 1991, S. 40.
Hochspringen ↑ Peter-André Alt: Franz Kafka: Der ewige Sohn. Eine Biographie. Verlag C. H. Beck, München 2005, ISBN 3-406-53441-4, S. 93.
Hochspringen ↑ Reiner Stach: Kafka. Die Jahre der Entscheidungen. S. Fischer, Frankfurt am Main 2004, S. 471.
Hochspringen ↑ Reiner Stach: Kafka. Die

*Jahre der Entscheidungen. S. Fischer,
Frankfurt am Main 2004, S. 232.*
*Hochspringen ↑ Peter-André Alt: Franz
Kafka: Der ewige Sohn. Eine Biographie.
Verlag C. H. Beck, München 2005, ISBN 3-
406-53441-4. S. 582.*
*Hochspringen ↑ Peter-André Alt: Franz
Kafka: Der ewige Sohn. Eine Biographie.
Verlag C. H. Beck, München 2005, ISBN 3-
406-53441-4, S. 16.*
*Hochspringen ↑ Peter-André Alt: Kafka und
der Film. Beck Verlag 2009, ISBN 978-3-
406-58748-1, S. 194.*
*Hochspringen ↑ Peter-André Alt: Kafka und
der Film. Beck Verlag 2009, ISBN 978-3-
406-58748-1.*
*Hochspringen ↑ Reiner Stach: Kafka. Die
Jahre der Entscheidungen. S. Fischer,
Frankfurt a. M. 2004, ISBN 3-596-16187-8,
S. 49*
*Hochspringen ↑ Peter-André Alt: Kafka und
der Film. Beck. München 2009, S. 13.*
*Hochspringen ↑ Reiner Stach: Kafka. Die
Jahre der Entscheidungen. TB-Ausgabe, 2.
Auflage. Fischer, Frankfurt am Main 2008,
S. 548.*
Hochspringen ↑ Manfred Engel, Bernd

Auerochs (Hg.): Kafka-Handbuch. Metzler,
Stuttgart, Weimar 2010, S. XII.
Hochspringen ↑ Kafka ist unsere beste
Versicherung. Dokumentiertes Gespräch
von Andreas Platthaus. In: Frankfurter
Allgemeine Zeitung vom 23. August 2014, S.
16.
Hochspringen ↑ Theodor W. Adorno:
Aufzeichnungen zu Kafka. In: Adorno:
Prismen – Kulturkritik und Gesellschaft.
Suhrkamp, Frankfurt am Main 1969, S. 304.
Hochspringen ↑ Gerhard Rieck: Kafka
konkret – das Trauma ein Leben.
Wiederholungsmotive im Werk als
Grundlage einer psychologischen Deutung.
Königshausen&Neumann, Würzburg 1999,
ISBN 978-3-8260-1623-3, S. 93–95.
Hochspringen ↑ Gerhard Rieck: Kafka
konkret – das Trauma ein Leben.
Wiederholungsmotive im Werk als
Grundlage einer psychologischen Deutung.
Königshausen&Neumann, Würzburg 1999,
ISBN 978-3-8260-1623-3.
Hochspringen ↑ laut Duden
Hochspringen ↑ Bücherverbrennung,
literaturkritik.de
Hochspringen ↑ Mairowitz/Robert Crumb:

Kafka. Kurz und knapp, Verlag
Zweitausendeins, S. 162 ff.
Hochspringen ↑ Mairowitz, Robert Crumb:
Kafka. Kurz und knapp. Verlag
Zweitausendeins, S. 165.
Hochspringen ↑ Kafka-Museum
Hochspringen ↑ Ofer Aderet: Israeli heir:
More Kafka works stashed in Swiss vault.
In: Haaretz. 22. November 2009. (Artikel
über den Streit um Kafkas Erbe)

*Hochspringen ↑ Friedemann Schmidt-
Mechau: Dreierlei – Musik für Barock-
Klarinette (PDF; 212 kB)
Hochspringen ↑ weitere Arbeiten des
Kafka-Freundes über diesen: siehe dessen
eigenen WP-Artikel
Hochspringen ↑ „The Metamorphosis of
Franz Kafka" – Video online
Hochspringen ↑ Biographie von Mirko
Tzotschew
Hochspringen ↑ Heimkehr von M.
Tzotschew
Hochspringen ↑ Menschenkörper von T.
Frühmorgen*

Herstellung und Verlag:

BoD – Books on Demand, Norderstedt
ISBN 978-3-7347-6522-3
-8.90 Euro-